Thomas Brockmann

UMSONST

wertvolle Waren — kostenlos für jedermann

Eichborn Verlag

Für FREDDA und sein »Griechisches E«

Zeichnungen: Walter Moers

CIP-Kurztitelaufnahme der Deutschen Bibliothek

Brockmann, Thomas:
Umsonst: wertvolle Waren — kostenlos für
jedermann / Thomas Brockmann. — Frankfurt/Main:
Eichborn, 1985.
   ISBN 3-8218-1047-5

2. Auflage, Oktober 1985
© Vito von Eichborn GmbH & Co. Verlag KG, Frankfurt am Main, September 1985 · Einband: Uwe Gruhle · Gesamtherstellung: Fuldaer Verlagsanstalt GmbH · ISBN 3-8218-1047-5 · Verlagsverzeichnis schickt gern: Eichborn Verlag, D-6000 Frankfurt 70.

BITTE MUSTER

Wer dieses Buch gelesen hat,
redet nicht mehr von Rabatt.
Denn er hat bald festgestellt:
Wohlstand geht auch ohne Geld.
Umsonst, geschenkt und dann noch gratis,
was praktisch, peinlich, delikates.

Ja, du formulierst geschwollen,
du würdest was bestellen wollen.
Eine Menge, die gewaltig,
gut sortiert und vielgestaltig.
Was bei schneller Lieferfrist
das Geschäft der Zukunft ist.
So hat der Schreiber sehr geschickt
die Firmenpolitik durchblickt.

Denn Unternehmen woll'n verkaufen,
und das läßt sie Amok laufen.
Ja, sie schicken dir im stillen
sogar Anti-Baby-Pillen,
Regenschirme, Badehosen.
Fertigsuppen, Spiritosen,
Kaffee, Cognac und Kondome,
auch Gummipuppen als Phantome,
Oberhemden und Krawatten,
gute Bücher, neue Platten,
Süßes gegen Depression,
Hardcore-Video mit Ton,
Teddies flauschig angenehme,
eimerweise Zahnputz-Creme.

Ohne Skrupel und Bedenken
wird man dich alsbald beschenken.
Denn in der Hoffnung auf Profit
Bist du der Firmen-Favorit.
Und bei dir darf alles bleiben,
mußt nur BITTE MUSTER schreiben.

EINLEITUNG

DAS KLAPPT NIE!!! — Mit diesen Worten fing alles an. War es das fünfte Bier oder die Herausforderung, das Gegenteil beweisen zu wollen? Egal, die Wette wurde angenommen. Eine Flasche Dimple stand auf dem Spiel.

UNMÖGLICH. Unternehmen reihenweise austricksen! Mit Briefen — quasi anonym — veranlassen, einen mit Waren zu überhäufen. Umsonst, gratis, ohne Schwierigkeiten. Sich aus diversen Branchen bedienen. Markenartikel kostenlos ins Haus geliefert bekommen. — Alles wird schließlich teurer. Ständig steigen die Preise. Da hat doch keiner etwas zu verschenken.

ES GEHT! Das wird dieses Buch beweisen. Und jeder kann es. Denn der Absender ist austauschbar. Phantasie, Briefpapier und ausreichend Porto machen es möglich.

WARUM? Unternehmen wollen wachsen: Gewinne maximieren, Umsätze steigern, gegen Konkurrenten durchsetzen. Neugeschäft lautet die Devise. Allein die Möglichkeit eines eventuellen Großauftrages läßt die Wirtschaft »Amok« laufen. Bloß keine Chance auslassen. Und wer Muster haben will, bekommt sie. Denn was für die Privatperson teure Ware ist, zählt im Unternehmen kaum. Was sind schon 100 Mark bei einem millionenschweren Jahresumsatz?

WER rechnet schon damit, daß sich ein passionierter Muster-Jäger auf die Pirsch begibt? Hinter der Schreibmaschine verschanzt, systematisch spinnt, schummelt, täuscht und flunkert. Anlässe erfindet, attraktive Köder bastelt und nur auf Muster scharf ist.

DENNOCH, der Staatsanwalt warnt: Wer sich nach dieser »Masche« Waren beschafft, macht sich strafbar!

MASSEN an Waren, Markenartikeln und Originalprodukten lagern im Keller. Und der Strom von Paketen und Päckchen fließt weiter. Was nun?

NICHTS wird behalten, weder Negerküsse noch Teddybären. Am Ende gehen sämtliche Muster zurück. Es sei denn, die Firmen verzichten darauf. Dann werden diese Artikel wohltätigen Instituten gespendet. Schließlich war mein Ziel nicht die Bereicherung, sondern: den Spaß, die Gaudi und die Schadenfreude bei diesem »Gesellschaftsspiel« zu beschreiben. Die Wette ist gewonnen, und eins steht fest: Das Spiel war heiß. Auf geht's!

INHALTSVERZEICHNIS

Tafel I: Was Thomas B. brauchte.

Unerlässlich: dieses Buch

Wichtig: eine Schreibmaschine

Notwendig: viel Papier

Leider unumgänglich: etwas Porto

Kann nicht schaden: ein Schnäpschen

...und ab geht die Post.

I HAUSHALT

1.1 Sekt: Damit jeder Anlaß seine Krönung findet

Da sitzt du nun, Thomas, mit deinem strategischen Blick und legst die Stirn in Falten. Fragst dich, › wie kann es laufen? ‹.

Nur eins ist klar — Sekt soll es sein.

Aber wie muß der Brief aussehen, damit er wirkt?

Eine Idee muß her, aus dem Leben gegriffen, tatsächlich vorstellbar und glaubhaft. Ja, anmachen muß sie. Der Briefleser soll sich die Finger lecken, ein Geschäft wittern.

Du fummelst an Anlässen, wägst ab, verwirfst wieder. Eine einfache Geschäftsgründung wäre zu platt. Irgendwie soll es etwas Besonderes sein, kein Standard. Du willst ihm die Sache schmackhaft machen, aber auch nichts versprechen oder bestellen.

Du steckst dir eine Zigarette an, grübelst und hast immer wieder das gleiche Bild vor Augen: ein kläffender Dackel, der begeistert nach der hochgehaltenen Wurst springt. —

Optimal wäre es, wenn der Boß die Eignung seines Produktes erst beweisen müßte. Jawoll! Das trifft ihn am Nerv. — Schließlich ist ein Geschäftsmann von nichts mehr überzeugt als der Güte seiner Ware. — Vielleicht ein Test. Das hört sich seriös an. Und weil du das ganze mit der Post bekommen willst, **darf** er nur zwei Top-Marken einschicken.

Außerdem kannst du billigen Fusel eh nicht ausstehen. Man ist ja anspruchsvoll.

Du lehnst dich zurück. Zweifellos, die Sache gefällt dir. Jetzt noch ein paar professionell klingende Worthülsen und ein bißchen Gelaber von Preisliste und Abnahmekonditionen.

Ja, so könnte es laufen.

Thomas Brockmann

xxxxxxstraße xx
2000 Hamburg xx

Sektkellerei
Schloß Wachenheim AG
— Vertrieb —
Postfach 40

6706 Wachenheim/Weinstr.

Sehr geehrte Damen und Herren,

als trendbewußtes Kreativteam wollen wir erfolgsversprechende Markt-
nischen besetzen. Wir planen an zwei Orten (Hamburg und Lübeck) in
exponierter Lage, Gourmet-Treffs (im fast-food-Prinzip) zu eröffnen.
Im Sinne unserer Konzeption beschränken wir uns bewußt auf die
Zielgruppe der Geschäftsleute und gehobenen Verbraucher, die trotz
knapper Zeit anspruchsvoll essen wollen. Unser Angebot umfaßt ausschließlich Spezialitäten aus deutschen Regionen, selbstverständlich
kombiniert mit führenden, allein deutschen Sektmarken.

Für unsere Entscheidungsfindung möchten wir Mitte März einen Pre-
Test durchführen und Sie bitten, uns dafür Proben Ihrer Top-Marken
(maximal zwei) zur Verfügung zu stellen.

Für eine baldige Antwort wären wir Ihnen aus Termingründen dankbar.
Bitte nennen Sie uns für weitere Fragen den Ansprechpartner in Ihrem
Hause und lassen Sie uns Ihre Preisliste und Abnahmekonditionen
zukommen.

Mit freundlichen Grüßen

SCHLOSS WACHENHEIM *Sekt*

SEKTKELLEREI
SCHLOSS WACHENHEIM
AKTIENGESELLSCHAFT

SCHLOSS WACHENHEIM AG Postf. 40 6706 Wachenheim (Weinstr.)

Herrn

▆▆▆▆▆▆▆▆▆▆
Thomas Brockmann
▆▆▆▆▆▆▆▆▆▆

2000 Hamburg ▆▆▆

Kommerzienrat-Wagner-Straße
Postfach 40
D-6706 Wachenheim an der
'Deutschen Weinstraße'
Telefon:
(0 63 22) 80 08 + 80 09
Telegramme:
Sektkellerei Wachenheimpfalz
Telex 04 54 604 swd

Wachenheim, den   4. März 1985
                  Bre/h.

Betr.: Angebot

Sehr geehrter Herr Brockmann!

Mit großem Interesse haben wir Ihr Schreiben vom 11.2.1985 zur
Kenntnis genommen.

Wie gewünscht, überreichen wir Ihnen als Anlage unsere Großhandels-
preislisten, in der unsere lieferbaren Erzeugnisse aufgeführt sind.
Daraus haben wir für Sie ausgewählt:

SCHLOSS WACHENHEIM Lagensekt

    1981er Wachenheimer Schenkenböhl
          Riesling Extra trocken
          Großer Preis DLG 1984

SCHLOSS WACHENHEIM

    Brut Riesling - methode champenoise -

Von diesen beiden Spitzen-Qualitäten lassen wir Ihnen je 2/1 Probe-
flaschen zur gefl. Verkostung zugehen.

Da uns Ihr Konzept zusagt und wir an einer Zusammenarbeit mit Ihnen
sehr interessiert sind, räumen wir Ihnen auf den Warenwert

5 % Sonder-Rabatt

ein.

Als eine der leistungsfähigsten deutschen Sektkellereien stellen wir
ausschließlich Qualitätsfüllungen in der bewährten Methode der

FLASCHENGÄRUNG

her. Unsere Sektmarken werden aus sorgfältig ausgewählten, bestens
geeigneten Grundweinen hergestellt.

Eine fast 100-jährige Erfahrung in der Sektherstellung und ein ausreichend langes Reifelager sind Garantie für hervorragende Qualität
und beste Wohlbekömmlichkeit.

Wir würden uns freuen, wenn Ihnen unser Angebot zusagen würde
und Sie sich entschließen könnten die beiden angebotenen Sekt-
Qualitäten in Ihr Programm mitaufzunehmen.

Bei weiteren Fragen steht Ihnen gerne unser Verkaufsleiter
Herr Brenneis zur Verfügung.

                              Mit freundlichen Grüßen

Drei Wochen sind vergangen. Samstagmorgen, es klingelt an der Haustür. Schlaftrunken taumelst du nach vorne und öffnest. Da steht er wieder in der blauen Uniform und mit seinem gelben Posthorn an der Mütze. »Ich habe fünf Pakete für Sie, Herr Brockmann.« Ein verkrampftes Lächeln. Du nimmst die Kartons entgegen, hebst dir fast einen Bruch dabei. Die letzten Sektflaschen sind also eingetrudelt.

Ob Henkell, Mumm oder Carstens SC — alle haben geantwortet und prompt geliefert. Manche waren so heiß auf ein zukünftiges Geschäft, daß sie geradezu übersprudelten vor Freundlichkeit. Fast einheitliche Firmenschreiben: Man lobt deine Idee, hält sie für eine riesige Chance, bestätigt, daß Gourmet-Treffs im Trend liegen. Und nachdem sie dich ordentlich abgeliebelt haben, kommt natürlich das Fazit: Der beigefügte Sekt ist das absolut stärkste auf dem Markt, allererste Sahne und gerade für diese Geschäftsidee ideal.

Wie selbstverständlich akzeptierten sie die Notwendigkeit einer Sektlieferung. Jeder schluckte den Pre-Test, als gäbe es ihn immer schon. Erstaunlich, denn übersetzt bedeutet es nicht mehr als Vortest und sagt eigentlich gar nichts aus. Doch kein Geschäftsmann zeigte eine Spur von Zweifel. Einige sahen im Test sogar ihre große Chance. Fragten schriftlich an, ob sie noch einen dritten Sekt anbieten dürften. Klar, daß du hier großzügig reagiert hast.

Du packst die letzten Flaschen aus, steigst in den Keller und stellst sie zu den anderen. Neben dem Berg an Pappe, Styropor und Packpapier stehen sie: 60 Flaschen Sekt. Ausreichend für eine mittelschwere Fete — mehr als in deinen Kühlschrank paßt. Du kannst es irgendwie nicht fassen. Schon beim bloßen Anblick kommen festliche Gefühle auf.

Sekt

Die Ecke für den Statistiker

versendete Briefe	gelieferte Waren	Verkaufswert
45	60 Fl. Sekt	DM 720,—

1.2 Konserven: Aus Deutschen Landen frisch auf den Tisch

Fertiggerichte

Du hast Blut geleckt. Das Spiel gefällt dir. Aber mit was geht's jetzt weiter? Ein Blick in die Küche. Das übliche Chaos aus schmutzigem Geschirr und überfüllten Müllbeuteln lächelt dich an.

Beim Anblick einer geöffneten Ravioli-Dose kommt dir die Idee: Konserven müssen her.

Aber was gibt es nicht alles in Dosen. Unmöglich sich vollständig bemustern zu lassen. Irgendwie mußt du dich auf bestimmte Lebensmittel beschränken. Und wie kommst du an die Adressen ran?

Du guckst dir die Ravioli-Dose an, drehst sie ein wenig in der Hand, entdeckst die Anschrift des Herstellers. Klare Sache, mit Briefblock und Schreiber ausgerüstet, werden diverse Supermärkte in der Umgebung durchforstet. Einkaufen mußt du sowieso. Schnell noch bei Beppo reingeschaut, einem Bekannten, der im Einzelhandel arbeitet. Er drückt dir einen Stapel alter Fachzeitschriften in die Hand, die vor Firmenadressen überquellen.

Zurück an den Schreibtisch und in die Tasten gehauen.

Mal sehen, was das wird.

Thomas Brockmann

xxxxxxstraße xx
2000 Hamburg xx

Fleischwerke
Eduard Zimmermann GmbH
— Vertrieb —
Postfach 12 80

8907 Thannhausen/Bayern

Zustell-Service für Lebensmittel-Konserven

Liebe Geschäftskollegen,

durch einen Auslandsaufenthalt angeregt, habe ich eine äußerst vielver-
sprechende Geschäftsidee kennengelernt. Gerade ältere Leute haben
häufig Schwierigkeiten, die relativ schweren Lebensmittel-Konserven
nach Hause zu tragen. Zwar sind die in Dosen verschlossenen Frisch-
waren lange haltbar und somit für kleine Haushalte prädestiniert, doch
leider auch ziemlich gewichtig. Dieses Problem will ich lösen und einen
speziellen Zustell-Service anbieten. Damit wird vor allem älteren Personen
und Hausfrauen im wahrsten Sinn des Wortes die Last abgenommen.
Sie geben ihre Bestellung auf und bekommen vom LEBENSMITTEL-
HERMES die Konserven ins Haus geliefert.

In der ersten Projektphase möchte ich das Sortiment festlegen und die
Akzeptanz dieser Artikel prüfen. Aus diesem Grund will ich zunächst
allein mit Fisch-, Fleisch- und Wurstkonserven beginnen. Zu einem
späteren Zeitpunkt ist eine Ausweitung auf Gemüse- und Obstkonserven
geplant.

Momentan prüfe ich die Konzeption durch eine Umfrage und Einzel-
gespräche. Ende Mai soll dann der potentiellen Käufergruppe das
Sortiment vorgestellt werden. Daher bitte ich Sie, mir eine einfache
Bemusterung geeigneter Konserven (+ Preisliste und Abnahmekonditionen)
zu schicken.

Nach der Entscheidungsfindung werde ich mich wegen weiterer Details
und ggf. einer Listung mit Ihnen oder einer benannten Person in Verbindung setzen. Zunächst jedoch sollen die Verbraucher/Käufer wählen.
Um das gewünschte Timing einzuhalten, wäre ich Ihnen für eine baldige
Bearbeitung dankbar.

Mit kollegialem Gruß

P. S.: Bitte behandeln Sie die Geschäftsidee unbedingt vertraulich!

Zimmermann

Fleischwerke Edmund Zimmermann GmbH & Co · 8907 Thannhausen/Bayern · Postfach 1280

Herrn
Thomas Brockmann
▓▓▓▓▓▓▓▓▓▓

2000 Hamburg ▓

EHEM. KÖNIGLICH
BAYERISCHER HOFLIEFERANT

Ihre Zeichen	Ihr Schreiben vom	Unser Zeichen	8907 Thannhausen/Bayern Germany
		Vo/Mr	9.5.1985

Sehr geehrter Herr Brockmann,

wir danken für Ihr Schreiben vom 6. Mai 1985.

/ Zur Ausmusterung übersenden wir Ihnen je eine Dose:

      7511 SAFTWÜRSTL, 5 Paar à 50 g
      7586 TIROLER WÜRSTL, 6 Stück à 42 g
      7577 KNACKIGE BAYERN, 4 Stück à 62,5 g

      6977 Echt bayr. Leberknödel 400 g
      6983 Echt bayr. Leberspätzle 400 g
      6950 2 Orig.-Schwäbische Maultaschen 400 g.

/ Dazu legen wir Ihnen unsere Staffelofferten bis Abnahme von 78 Karton à
12 Dosen, jeweils sortierbar in der Gruppe Würstl und in der Gruppe Suppen-
Spezialitäten, bei.

Diese Staffelofferten haben Gültigkeit auf Basis unserer derzeit noch
gültigen Preisliste 1/82.

Ab Warenwert DM 400,-- pro Sendung liefern wir frei Haus.

Bei weiteren Rückfragen können Sie sich auch gleich an unseren dortigen
Repräsentanten, Herrn Thies von der Agentur Mewes & Krüger, Neubertstraße 52,
2000 Hamburg 76, Tel.: 040 / 25 34 66, wenden.

Wir hören gerne wieder von Ihnen und verbleiben inzwischen

      mit freundlichen Grüßen
      Fleischwerke Edmund Zimmermann
      ppa. ▓▓▓▓▓▓▓ i.V. ▓▓▓▓

Anlagen

Kommanditgesellschaft · Sitz 8907 Thannhausen · Registergericht Memmingen HRA 4125 · Persönlich haftende Gesellschafterin: Fleisch- und
Wurstwaren Zimmermann GmbH · Sitz München · Registergericht München HRB 45 148 · Geschäftsführer: Margarete Ammon und Dr. Heinz Ammon.
Telefon: Nr. (0 82 81) *20 04 · Telegramme: Bayernwerke · Fernschreiber: Nr. 05-31 223 zitha d · Bankverbindung: Raiffeisenbank Thannhausen
(BLZ 720 692 35) 0 001 325, Dresdner Bank AG Augsburg (BLZ 700 820 01) 1 089 730 · Postscheckkonto: München 610-805

Die Reaktion war nicht schlecht.

Wenn du den Dosenöffner nicht verlierst, bräuchtest du in den nächsten Wochen nicht zu verhungern. Zum Beißen jedenfalls ist genug gekommen.

Aber eigenartig, nicht eine Dose Fisch hat man dir durch den Briefschlitz geschoben. Du mußt einen Fehler gemacht haben. Vielleicht vertreiben die angeschriebenen Fischfabriken nicht selber ihren Hering, oder das Zeug ist nicht lange genug haltbar. Kann auch sein, daß die Jungs von der Waterkant erst in die Puschen kommen, wenn ein konkretes Auftragsvolumen angedeutet wird.

Aber was soll's. Dafür haben die Wurstmacher angebissen und sich um so mehr angestrengt.

Die Ecke für den Statistiker

versendete Briefe	gelieferte Waren	Verkaufswert
37	40 Dosen	DM 250,—

1.3 Suppen: Etwas Warmes braucht der Mensch

Also die Schlappe mit den Fischkonserven fuchst dich. Das kannst du unmöglich auf dir sitzen lassen. Und von Würstchen alleine könnte sich sowieso kein Mensch ernähren.

Vielfalt ist im Haushalt angesagt. Da gibt's nur eins: die Suppen-Industrie anbaggern. Nur mit der Adressensuche muß es anders werden. Gibt's denn nicht irgendein Lexikon, Buch oder Verzeichnis, in dem alle Herstellerfirmen nach Produkten sortiert sind?

Die Frage unter den Arm geklemmt, dackelst du in die nächste Buchhandlung und läßt dich ausführlich beraten. Als VWL-Student brauchst du halt ein umfangreiches Nachschlagwerk, willst einen Überblick über unsere Wirtschaft.

Du traust deinen Ohren nicht, als die Verkäuferin runterrappelt, welch tolle Adressenschinken im Handel sind: »Für nur 65 Mark haben wir das 2400-Seiten-Werk ›Wer liefert was?‹, erschienen im gleichnamigen Verlag.

Ansonsten können wir Ihnen für 75 Mark das ›ABC der deutschen Wirtschaft — Quellenwerk für Einkauf/Verkauf‹ aus dem ABC-Verlagshaus anbieten.

Ja, und sonst haben wir noch einzelne Branchenbände (z. B. Körperpflege und Waschmittel) aus dem Behrs Verlag, die pro Bereich ca. 70 Mark kosten.

Aber falls Ihnen der Preis zu hoch ist und Sie nur Firmenanschriften für ein Stichwort suchen, hab ich privat einen Tip für Sie: In fast jeder Bücherei liegen diese Wälzer aus.« —

Du entscheidest dich für das billigste Angebot und wuchtest die Schwarte nach Hause. Schließlich hast du keinen Bock, bei den geplanten »Großeinkäufen« jedesmal in eine öffentliche Wärmehalle zu pilgern.

Ein wohliges Gefühl umgibt dich, als du einen Blick in die Branchenbibel wirfst. Einfach irre: Für alles, was das Herz begehrt, gibt es Adressen.

Schon beim Durchblättern kommen dir die verrücktesten Ideen. Von Kugellagern bis zu Muttern mit metrischem Gewinde findest du Anschriften.

Wäre doch gierig, sich mit 10 000 Ersatzteilen bemustern zu lassen und anschließend ein Auto zusammenzubauen. Und unter Suppen sind über 50 Hersteller fein säuberlich aufgelistet.

Wenn das keine Erleichterung ist.

Dein Selbstbewußtsein ist neu aufgetankt. Voller Tatendrang machst du dich an die Arbeit. Du spannst einen neuen Briefbogen ein und mimst auf dynamischen Jungunternehmer, energiegeladen und einfach nicht zu bremsen.

Wäre doch gelacht, wenn sich die »Suppen-Kasper« nicht über den Tisch ziehen lassen.

Thomas Brockmann

xxxxxxstraße xx
2000 Hamburg xx

Conservenfabrik
Eugen Lacroix GmbH
– Vertrieb –
Postfach 73 02 29

6000 Frankfurt/Main 73

Lieber Geschäftskollege,

als ich vor kurzem in London war, bin ich auf eine wahnsinnig gute
Idee gekommen. Dort gibt es eine Art Suppen-Imbiß, der ausschließlich
warme Suppen verkauft und wie verrückt ,,brummt''. Keine Pommes,
keine Würstchen, keine Hamburger. Nur zig verschiedene Suppen. Von
der Gemüsesuppe bis zur Fleischbrühe.

Mit meinem gebrochenen Englisch (gesunde Mischung aus Lübke-Englisch
und Plattdeutsch) fragte ich den Verkäufer, wer ihm die ganzen Suppen
zubereitet. Und nun kommts! Es sind einfache Dosen/Fertigsuppen, die
er mit einigen Zutaten geschickt aufmotzt. Aber sie schmecken wie von
Oma selbst zubereitet.

Kurzum, die Sache will ich jetzt auch in Angriff nehmen und habe zu
diesem Zweck auch schon einen prima Laden gefunden.

Nun möchte ich gern eine Bemusterung Ihrer Suppen erhalten, um aus-
zuprobieren, ob sie sich für das Geschäft eignen. Bitte schicken Sie mir
die Proben (+ Preis- und Rabattliste) bis Mitte Mai. Denn bis dahin
möchte ich das Angebot zusammenstellen und die erste Bestellung für
,,OMAS SUPPENTERRINE'' aufgeben. Vielleicht sollte ich mich dann
auch mal mit Ihrem Vertreter unterhalten. Im Moment bin ich allerdings
mit den Umbauten und der Einrichtung beschäftigt. Eines steht fest:
Die Sache wird ein Renner!

Mit freundlichem Gruß

P. S.: Bitte behandeln Sie diese Geschäftsidee unbedingt vertraulich!

Sehr geehrter Herr Brockmann,

gerne nehmen wir Gelegenheit, Ihnen bei der Realisierung Ihres Projektes "OMAS SUPPENTERRINE" behilflich zu sein.

Das Haus Lacroix, in Gourmetkreisen bestens bekannt für seine hervorragende Suppenqualität, bietet sicherlich die Garantie für Top-Qualität und ausgefallene Produkte.

Wir haben darüber hinaus seit einigen Monaten ein Programm von Basis Suppen, die von kreativen Köchen selbst - wie Sie trefflich schreiben - aufgemotzt und mit eigenen Zutaten fertiggestellt werden.können.

Darüber hinaus bietet das Haus Lacroix selbstverständlich auch tafelfertige Produkte in allen Varitäten, die im Suppenbereich zu Hause sein sollten.

Wir haben mit seperater Post zunächst einmal je 1 Dose unserer Basis Produkte an Sie abgesandt und senden Ihnen als Anlage dieses Schreibens eine Gestaltungsidee, die von Lacroix schon seit längerer Zeit verfolgt wird, bisher jedoch noch nicht realisiert worden ist; für eine solche Suppenbar.

Eine Obersicht über unser Suppenprogramm fügen wir mit einer Preisliste diesem Schreiben ebenfalls bei und hoffen für die Realisierung Ihrer Projektidee die richtigen Produkte liefern zu können.

Mit freundlichen Grüßen

E U G E N   L A C R O I X   GmbH

Spitze, sie sind voll drauf abgefahren. Fast erschlagen hat man dich mit Tüten- und Fertigsuppen, Brühe, Eintopf und China-Spezialitäten.

Sogar Feinschmecker-Lacroix war mit von der Partie.

Ein Feuerwerk für jeden Gaumen: Fasanen-, Spargel- und Hummersuppe. Und damit nicht genug. Ein Hersteller schickte gleich Prospekte für die Einrichtung einer Suppenbar. Versteht sich, daß er sie dir vertickern wollte.

Du kommst dir vor wie im Maggi-Kochstudio: Tausende Tips und Anweisungen, wie denn die Suppen noch zu verfeinern seien. — Schade, daß du nicht noch mehr Firmen angeschrieben hast. Dann könntest du OMAS SUPPENTERRINE sofort aus dem Boden stampfen.

Die Ecke für den Statistiker

versendete Briefe	gelieferte Waren	Verkaufswert
25	150 Trocken- und Fertigsuppen	DM 250,—

1.4 Besteck:
Schöne Grüße aus Solingen

Eigentlich reizt es dich ja, als nächstes Delikatessenhersteller anzubohren in Sachen Kaviar, Hummer und Wildbret in Dosen. Andererseits, warum sollte es hier nicht laufen?

Da ist es doch eine heißere Kiste, mal eine neue Branche aufzureißen. Warum nicht mal anständiges Besteck? Wäre wirklich mal fällig, dein verbogenes Bundeswehr-Schanzzeug gegen Solinger Feinarbeit auszutauschen.

Schließlich sind auch Klingenmacher scharf auf Neugeschäft.

BSF
Bremer Silberwaren GmbH
— Vertrieb —
Postfach 44 83 40

2800 Bremen 44

Typ-Muster Menü Besteck

Sehr geehrte Damen und Herren,

mit einem neuen Projekt möchte ich meine geschäftlichen Aktivitäten ausweiten. So plane ich mit zwei Geschäftspartnern im Sommer an der Schleswig-Holsteinischen Ostseeküste (nahe Grömitz) eine Gastronomie besonderer Art zu eröffnen. Dabei bekommen Sommertouristen die Möglichkeit, sich ihre Fleischgerichte selber zu grillen und in idyllischer Atmosphäre (Reetdachgebäude im Atriumstil) zu genießen.

Im Rahmen der Lokalausstattung suchen wir noch geeignetes Menü-Besteck (4-teilig) im mittleren Preisniveau, das sich in das ländlich rustikale Bild integriert. Dabei legen wir äußersten Wert auf schneidfreudige Messer. Kapazitätsmäßig sind wir auf 150 Gäste ausgerichtet, so daß wir eine Größenordnung von ca. 300 Bestecken benötigen, die wir voraussichtlich im Juni bestellen.

Wir hoffen auf Ihr Verständnis, daß wir unsere Wahl nicht anhand von Prospektunterlagen treffen wollen. Daher bitten wir Sie um die Zusendung geeigneter Typmuster, um uns entscheiden zu können. Wegen der momentan äußerst aufwendigen Umbauten möchten wir aus Zeitgründen zunächst auf ein persönliches Gespräch mit Ihrem Gebietsrepräsentanten verzichten.

Wegen der engen Terminierung wäre uns eine baldige Zusendung von Typ-Mustern und Preisliste hilfreich.

Mit freundlichen Grüßen

BSF Bremer Silberwaren GmbH

BSF Bremer Silberwaren GmbH, Postfach 44 83 40, 2800 Bremen 44

	Ihr Zeichen
Herrn	
Thomas Brockmann	Ihre Nachricht vom
██████████████	
	Unser Zeichen wo/bro
2ooo Hamburg ██	
	Es korrespondiert Herr ██████
	mit Ihnen
	Durchwahl (0421) 41 03- 222
	Datum 31.5.1985

Auswahlsendung

Sehr geehrter Herr Brockmann,

wir freuen uns sehr, daß Sie an BSF-Besteckteilen interessiert
sind und übersenden Ihnen mit separater Post unsere derzeit
gültige Preisliste mit entsprechendem Prospektmaterial.

Weiterhin werden wir diese Woche folgende Auswahlsendung an Sie
zum Versand bringen:

      Ein 4tlg. Menübesteck im Muster 2 o53 "Ostfriesen"
      Ein 4tlg. Menübesteck im Muster 2 o7o "Primavera" creme
      Ein 4tlg. Menübesteck im Muster 2 o71 "Primavera" bordeaux
      Ein 4tlg. Menübesteck im Muster 2 o72 "Primavera" marin
      Ein 4tlg. Menübesteck im Muster 2 o73 "Primavera" flamingo

Wir hoffen, daß eines dieser Auswahlmuster bei Ihnen Anklang findet
und würden uns freuen, wenn Sie sich zu einem Auftrag entschließen
können.

Falls Sie noch weitere Fragen haben sollten, bitten wir Sie, sich mit
uns in Verbindung zu setzen.

Mit freundlichen Grüßen
BSF Bremer Silberwaren GmbH

                                                          Anlagen
██████████████

Da schnallst du ab. Hat der Brief so auf dem Punkt gesessen, oder
liegt es daran, daß sich Besteck so problemlos packen und verschicken läßt?

Jedenfalls war die Bereitschaft, dich mit der richtigen Art Messer,
Gabeln und Löffel zu beglücken, phänomenal. Vom im Briefum-
schlag eingewickelten Besteck bis zur von Samttüchern umhüllten
Silberausführung war alles vertreten.

Doch die absolute Härte war die Vielfalt. Was haben sich einige Jungs bloß unter rustikaler Atmosphäre vorgestellt? Du hast doch keinen Camping-Imbiß auf einem Getreideacker beschrieben. Denn wie ist es sonst zu erklären, daß man dir unter anderem plastikbeschichteten Leichtmetall-Ramsch schickte.

Einmal scharf angucken, und der Löffel bricht durch. Von wegen mittleres Preisniveau — wohl eher Grabbeltisch im Kaufhaus.

Der größte Teil der Firmen verhielt sich allerdings ganz anders. Sie haben offensichtlich nur das Feinste aus ihren Schubladen gefingert. Angefangen vom silberbeschichteten bis zum rein silbernen Steakmesser. Da kriegst du schon glänzende Augen, wenn du bloß daran denkst, wie es sonst in deinem Junggesellen-Haushalt aussieht.

Die Ecke für den Statistiker

versendete Briefe	gelieferte Waren	Verkaufswert
54	93 4teilige Bestecke	DM 1700,—

1.5 Kaffee: Die Krönung mit dem Verwöhn-Aroma... wunderbar

Irgendwie jieperst du danach, mal eine ganz andere Ansprache zu wählen. Vielleicht geht dir alles zu glatt. Einfach mehr Spannung, ein größerer Schwierigkeitsgrad.

Du gibst dir neue Anweisungen: Versuch doch mal, einen Beruf zu beschreiben, für den Titelschutz besteht. Also eine Berufsbezeichnung, mit der sich niemand schmücken darf, der das Fach nicht mit Abschluß studiert hat. Aber du willst dich ja nicht strafbar machen und mußt deshalb so zweideutig formulieren, daß der Briefleser trotzdem ein konkretes Bild vor Augen hat.

Thomas Brockmann   *xxxxxxstraße xx*
                                                          2000 Hamburg xx

Tchibo Kaffee-Service
Tchibo Frisch-Röst-Kaffee AG
– Verkaufsleitung –
Postfach 60 30 60

2000 Hamburg 60

Produktmuster und Info-Material für Unterrichtszwecke

Sehr geehrte Damen und Herren,

der Empfehlung einer Unterprimanerin folgend, werde ich im April je
drei Doppelstunden im Fach Gemeinschaftskunde dem Thema Kaffee
widmen. Dabei möchte ich nicht nur die Aspekte Anbau und Aufbe-
reitung theoretisch beleuchten, sondern auch auf die Diversifikations-
Möglichkeiten dieses Produktes anschaulich eingehen.

Um die Unterrichtseinheit ansprechend zu gestalten, plane ich u. a. einen
praktischen Geschmacksvergleich zwischen löslichem Instant-, Röstkaffee
sowie anderen Kaffeeprodukten. Zu diesem Zweck wäre ich Ihnen dankbar, wenn Sie aus Ihrem Sortiment je ein Produktmuster zur Verfügung
stellen könnten. Darüber hinaus fehlen mir noch Unterlagen über die
Preisentwicklung der Rohware in den letzten 10 Jahren.

Leider stehen trotz der Maxime nach anspruchsvollen Lehrinhalten nur
beschränkte Budgetmittel zur Verfügung. So zeigten vergangene Aktivitäten, daß ein Gang durch die Instanzen der Schulbehörde wenig ergiebig
ist. Daher wäre ich Ihnen dankbar, wenn Sie das Engagement und Interesse der Klasse duch die genannten Produktmuster unterstützen würden.

Mit freundlichen Grüßen

Tchibo
Kaffee-Service

TCHIBO · POSTFACH 60 30 60 · 2000 HAMBURG 60

Herrn
Thomas Brockmann
███████████

2000 Hamburg ▉

IHRE ZEICHEN UND NACHRICHT VOM	UNSERE ZEICHEN DV-di	TELEFON: (040) 6 38 08-1 DURCHWAHL (040) 6 38 08 353	HAMBURG 29.3.1985

Guten Tag, Herr Brockmann,

gerne unterstützt Sie der TCHIBO Kaffee-Service, wenn es darum
geht, die Qualität von Kaffees zu demonstrieren.

Anbei finden Sie eine Auswahl aus unserem Gastronomieprogramm,
hergestellt für professionelle Kaffeemaschinen in Hotels,
Restaurants, Lehrerzimmern, Bürogemeinschaften usw.

3 x 215 g Beste Bohne
          - feinstes Aroma, ausgewähltes Hochlandgewächs,
          (Columbien, Kenia, Costa Rica), absolute
          Top-Gastronomie-Sorte, Tchibos bester Kaffee

3 x 215 g Feine Milde
          - ein erlesener Kaffee, besonders mild und
          aromareich, säurearm, reizstoffarm.

3 x 215 g Family
          - ausgewogen im Geschmack, besonders hohe Ergiebigkeit,
          der gute Kaffee für jeden Geschmack - kräftig und
          herzhaft.

3 x Glas Gold-Extrakt, gefriergetrocknet

1 Info-Blatt "Preisentwicklung Bohnenkaffee "

1 Kaffeemagazin

Ein Hinweis noch zum praktischen Geschmacksvergleich:

Achtung, Kurzzeitröstung, d.h. 215 g Tchibo-Kaffee ergeben
250 g Kaffee traditioneller Röstung. Vorsichtig portionieren also !

Und nun viel Erfolg im Unterricht,

das wünscht Ihnen

Ihr

T C H I B O
Frisch-Röst-Kaffee AG
KAFFEE-SERVICE

Studienrat dürftest du dich nicht nennen. Und daß du Lehrer bist, hast du ja nun wirklich nicht behauptet. Schließlich gibt es eine Menge Unterprimanerinnen in deinem Bekanntenkreis. Und Gemeinschaftskunde-Unterricht läßt sich auch zu Hause abhalten. Daß dir dabei niemand zuhört, weil du alleine im Wohnzimmer sitzt, ist sicher schade. Aber davon hast du wohlweislich nichts erzählt. Und daß der Gang durch die Instanzen der Schulbehörde wenig ergiebig ist, kann jeder Schüler bestätigen, der dort mal einen Cola-Automaten gesucht hat.

Deine angezapfte Quelle hat gesprudelt. Niemand fragte nach einer Schule, erkundigte sich nach Einzelheiten. Eigentlich wundert es dich gar nicht, die Care-Pakete Kaffee bekommen zu haben. Ist doch eine tolle Werbung, wenn eine Klasse im Unterricht immer über den selben Kaffee-Namen stolpert. Und welcher Lehrer läßt nicht gleich zu Anfang eine schmalzige Lobeshymne vom Stapel: Tatkräftige Unterstützung vom Hersteller, selbstlose Warenlieferung. So etwa muß sich der zuständige Produktmanager das Ganze ausgemalt haben, als er den »Kram« zu dir auf die Reise schickte.

Da kam echte Freude auf, als die 3 kg Tchibo- und Idee-Kaffee eintrudelten. Keine schlechte Ausbeute, wenn du bedenkst, daß es nur eine Handvoll Unternehmen gibt. Und die Firma Teekanne, die du ähnlich angehauen hast, legte gleich noch zwei Bücher über Tee ins Paket. Wer kann dazu schon nein sagen.

Die Ecke für den Statistiker

versendete Briefe	gelieferte Waren	Verkaufswert
6	3 kg Kaffee	DM 50,—

1.6 Süßigkeiten: Die zarteste Versuchung, seit es Schokolade gibt

Vor dir ein weißer Bogen Papier. Im Kopf ein Wirrwarr an Gedanken und spleeniger Ideen. Du hast das Gefühl, in einem Rausch zu sein; bist ganz besessen von diesem Spiel. Fragst dich, wen du als nächstes auflaufen läßt. Süßigkeiten wären nicht schlecht. So ein bißchen Schnickschnack zum Naschen und Anbieten. Ja, einmal willst du die Lebensmittel-Freaks noch auszählen.

Den Aufhänger mit dem Pre-Test hast du richtig lieb gewonnen. Bist ganz heiß, den Test-Ballon nochmal zu starten. Und die Geschäftsgründung als Anlaß hat sich mittlerweile auch bewährt. Nur — billigen Ramsch willst du nicht haben. Deshalb muß es ein außergewöhnliches Geschäft sein, für höchste Ansprüche und Leute mit viel Kohle an den Hacken.

Aus ein paar Brocken Französisch bastelst du einen wohlklingenden Firmennamen, erfindest einen exklusiven Service und trommelst ordentlich von Produktqualität. Kurz noch eventuelle Vertreterbesuche abblocken und das Ganze im für Unternehmertypischen Wir-Stil verpacken. Fertig ist das Musterschreiben.

Genußvoll schiebst du dir ein Rolo rein.

Mal sehen, was demnächst zur Auswahl steht.

Thomas Brockmann

xxxxxxstraße xx
2000 Hamburg xx

Schwermer Marzipan
Dietrich Stiel GmbH
— Vertrieb —
Postfach 16 43

8939 Bad Wörishofen

Sehr geehrte Damen und Herren,

als trendbewußtes Kreativteam wollen wir erfolgsversprechende Markt-
nischen besetzen. Wir planen an zwei Orten (Hamburg und Lübeck) in
exponierter Lage, exklusive Spezialitäten-Geschäfte für Süßwaren zu
eröffnen. Dabei bietet „BONBONNIERE TRADITION" gehobenen Ver-
braucherschichten ein erlesenes Sortiment an Süßwaren für Selbstver-
kostung und als Geschenk-Zustell-Service.

Für unsere Entscheidungsfindung möchten wir Mitte März einen Pre-Test
durchführen und Sie bitten, uns dafür eine Bemusterung des oben klassifizierten Sortiments zur Verfügung zu stellen.

Um dem Ergebnis von Pre-Test und Gruppendiskussion nicht vorzugreifen, schlagen wir folgende Vorgehensweise vor. Nach der Entscheidungsfindung werden wir uns Ende März/Anfang April direkt an Sie bzw. Ihren
Gebietsrepräsentanten wenden.

Für eine baldige Antwort wären wir Ihnen aus Termingründen dankbar.
Bitte nennen Sie uns für weitere Fragen den Ansprechpartner in Ihrem
Hause und lassen Sie uns Ihre Preisliste und Abnahmekonditionen
zukommen.

In der Hoffnung, daß Sie mit diesem Ablauf einverstanden sind, verbleiben
wir

mit freundlichen Grüßen

90 Jahre 1894 - 1984

Echt Königsberger Marzipan, Baumkuchen, Pralinenspezialitäten (Diät und Rohkost), Pasteten und Christstollen.

Dietrich Stiel GmbH · Postfach 1643 · 8939 Bad Wörishofen

Schwermer Marzipan

Königsberger Straße 30
8939 Bad Wörishofen
☎ 0 82 47 - Ø 50 14
Telex 5 39 112 d-Stiel

Herrn
Thomas Brockmann
▮▮▮▮▮▮▮▮

2ooo Hamburg ▮▮

Ø - ▮▮▮▮▮▮▮▮

Ihr Zeichen	Ihre Nachricht	Unser Zeichen	Datum
	26.2.	pr/zi	6.3.85

Bemustertes Angebot

Sehr geehrter Herr Brockmann,

verbindlichen Dank für Ihr obiges Schreiben, aufgrund
dessen wir ein Sortiment unserer Spezialitäten zu-
sammengestellt haben, das wir Ihnen mit gesonderter
Post zugehen lassen.

Unser Angebot, dem Sie bitte weitere Einzelheiten
entnehmen wollen, fügen wir diesem Schreiben bei.
Ferner eine Preisliste (gültig ab 1.5.d.J.), bei der
es sich um eine Fotokopie handelt, da sich die neuen
Preislisten noch im Druck befinden.

Aus den gleichfalls beigefügten Katalogblättern er-
sehen Sie unser gesamtes Sortiment, außer den in der
Preisliste aufgeführten neuen Artikeln, die erst ab
Mai d.J. lieferbar sind.

Wir hoffen, daß die Mustersendung gut in Ihren Besitz gelangt und die getroffene Auswahl Ihren Vor-
stellungen entspricht.

Gern hören wir wieder von Ihnen und verbleiben

mit freundlichen Grüßen

SCHWERMER MARZIPAN
ppa.

Anlagen:

Angebot
Preisliste
Katalog

Bankverbindungen: Sparkasse Bad Wörishofen (BLZ 73151750) Nr. 103812 · Volksbank Bad Wörishofen (BLZ 73191700) Nr. 201880
Deutsche Bank Bad Wörishofen (BLZ 72070001) Nr. 48/01650 · Postscheck: München Nr. 231396-801
Amtsgericht Memmingen, HRB 5106 Geschäftsführer : Dietrich Stiel

Schwermer

8000 · 3.84

Was darf's denn sein? Marzipan, Lakritz, Nougat, Trüffel-Pralinen oder Standardware? Lieber lose oder abgepackt? Wie wäre es mit 1 kg Kaugummi von All Sweets, dem Haribo-Sortiment, echt Lübecker Marzipan, Milka-Schokolade, Toblerone oder Spezialitäten von Hachez?

Mit allem hast du gerechnet, nur nicht mit diesen Massen. Ein Berg von Zuckerwaren hat sich bei dir angesammelt. Genug, um den Kalorien-Bedarf einer vierköpfigen Familie über ein Jahr zu decken.

Bei diesem Anblick macht deine Phantasie Galopp-Sprünge. Du stellst dir vor, die Musterjagd zur sportlichen Disziplin anzumelden. Jeder Teilnehmer erhält Porto, Briefpapier und Umschläge für 20 Briefe.

Wer zieht die größten Werte oder meisten Waren an Land?

Erst Bezirks-, dann Landes- und später Bundesausscheidungen. Vielleicht sogar eine alternative Olympiade. Veranstalter wäre die Bundespost. Natürlich steht der Gewinner nicht auf einem Siegespodest, sondern auf seinen Paketen. Und anstelle einer Goldmedaille verleiht der Arbeitsminister das Bundesverdienstkreuz 1. Klasse sowie einen Freistempler für portofreie Postsendungen.

Die Ecke für den Statistiker

versendete Briefe	gelieferte Waren	Verkaufswert
42	21 kg Süßigkeiten	DM 1000,—

1.7 Zahnpasta: Damit Sie auch morgen kraftvoll zubeißen können

Zahncreme

7 Uhr morgens — der Wecker rasselt. Mühsam schleppen dich deine Füße ins Bad. Ein Blick in den Spiegel: Das morgendliche Horrorbild grinst dir entgegen. Ist das wirklich dein Kopf? Schnell eine Handvoll kaltes Wasser ins Gesicht geklatscht. Langsam kommt wieder Strom in deinen Körper. Während du aus der verbogenen Zahnpastatube den letzten Rest herauswringst, hast du den Einfall. Warum nicht mal Zahncreme ordern?

Beim Frühstück spinnst du den Gedanken weiter. Nur dürfte dies-
mal eine Geschäftsgründung nicht der richtige Aufhänger sein.
ZUR GOLDENEN ZAHNPASTA klingt wohl doch etwas unglaub-
würdig. Dann schon lieber auf Wissenschaftler markieren und eine
anständige Warenmenge für Versuchszwecke abstauben.

Daß diese Branche voll auf Forschung abfährt, ist schließlich
nichts Neues. Ist ja auch vorzügliche Werbung, wenn Studenten,
Profs und Versuchspersonen ständig über denelben Produktnamen
stolpern. Und falls beim Test irgendwas Positives rauskommt, hat
die Firma gleich eine Sensation. Ja, so könntest du sie kirren.

Bei der Gelegenheit willst du sie auch mit deinem Titel leimen.
Klar, daß du ihnen nicht auf die Nase bindest, den Diplom-
Ingenieur in Landwirtschaft gemacht zu haben.

Thomas Brockmann   *xxxxxxstraße xx*
Diplom-Ingenieur   *2000 Hamburg xx*

COLGATE—PALMOLIVE GMBH
Werk und Verwaltung
— Marketing —
Postfach 74 02 60

2000 Hamburg 74

Warensendung Zahncreme für Versuche

Sehr geehrte Damen und Herren,

für Ende März/Anfang April planen wir an der Universität Hamburg
einen 3-phasigen Gruppenversuch zum Thema Mundhygiene.
Dabei wird über eine Laufzeit von 4 Wochen das Zahnpflege-
Verhalten von 30 Probanten unterschiedlichen Alters differenziert
betrachtet und analysiert. Diese Forschungsarbeit wird für drei
Kommilitonen das grundlegende Datenmaterial für ihre Diplom-
arbeit bilden.

Da ich mit der Assistenz beauftragt bin, besteht meine Aufgabe
neben der Testüberwachung auch in den vorbereitenden Arbeiten.
Wie Sie sich vorstellen können, sind die zur Verfügung stehenden
Mittel mehr als bescheiden. Deshalb möchte ich erfragen, ob Sie
die Versuchsreihe mit einer Warenlieferung von ca. 40 Tuben
Zahncreme unterstützen könnten.

In der Hoffnung, daß Sie die Bitte nicht als Unverschämtheit
empfinden, verbleibe ich

mit freundlichen Grüßen

 **COLGATE-PALMOLIVE** *GMBH*

Herrn
Thomas Brockmann
Diplomingenieur
▬▬▬▬▬▬▬▬

2000 HAMBURG ▬

Werk und Verwaltung: Liebigstraße 2–12, 2000 Hamburg 74, Postfach 74 02 60
Telefon (040) 7 31 91, Telex 214158 cp hg d, Teletex 402053 – cp hg d
Telefax (040) 7319498, Telegramme Palmolive
Bahnsend.: HH-Billbrook Anschlußgleis bbn 40112008
Bank: Landeszentralbank Hamburg, Girokonto-Nr. 200 07 397 (BLZ 200 000 00)
Vereins- und Westbank AG, Konto-Nr. 1/06 294 (BLZ 200 300 00)
Postgiroamt Hamburg 149 53-204 (BLZ 200 100 20)

Datum und Zeichen Ihres Schreibens	Unser Zeichen	Durchwahl (0 40) 7319	Datum
22.02.1985	MAB/rbz		03.04.1985

Warensendung Zahncreme für Versuche

Sehr geehrter Herr Brockmann,

bezugnehmend auf Ihr Schreiben vom 22.02.1985 bedanken wir uns für das
Interesse an unserem Hause und entschuldigen uns für die leider ver-
zögerte Beantwortung Ihrer Anfrage.

Selbstverständlich kommen wir Ihrer Bitte gerne entgegen und werden
Ihnen in den nächsten Tagen 40 Tuben Colgate Fluor + Mineral zuschicken.

Der von Ihnen geplante Versuch stieß bei uns auf großes Interesse, so
daß wir Sie bitten möchten, uns über etwaige Testergebnisse zu informieren.

Wir hoffen, Ihnen auf diese Weise behilflich sein zu können und wünschen
Ihnen für Ihre Studie viel Erfolg.

Mit freundlichen Grüßen

COLGATE-PALMOLIVE GMBH
- Marketing -

MA 333

Geschäftsführer: John H. Tietjen (Vorsitzender)
Anthony M. Dente, Klaus Hildebrandt, Michael S. Roskothen,
Hans Gottfried Schadow, Frank Schmidt, Dr. Detloff von Winterfeld,
Alfred Wolny, Douglas R. Wright.

Aufsichtsratsvorsitzender: Christoph Könneker

Amtsgericht Hamburg HR B 3220

Das ist der schrille Wahnsinn! Einfach unglaublich!

Nicht 5, 10 oder 100 Packungen hat man dir geschickt. Nein, 482 — in Worten: Vierhundertzweiundachtzig.

Da schnallst du ab, rechnest, suchst nach Vergleichen. Eine Tube enthält einen ca. 3,5 m langen Zahncreme-Streifen. Hintereinander ausgedrückt ergibt das eine Strecke von 1,6 km. So viel Zahnpasta hat nicht mal ein mittlerer Einzelhändler. Und weil du zwei Monate mit einer Tube Zahncreme auskommst, würde der Vorrat für achtzig Jahre reichen.

Wenn das keine strahlenden Aussichten sind.

Du denkst nochmal über den Vorgang nach. Warum hat es eigentlich so prima geklappt?

Hättest du den Firmen ganz ehrlich geschrieben und höflich um eine Tube gebeten, wäre die Antwort sicher anders ausgefallen: »Hochverehrter Herr Brockmann! Wir freuen uns über Ihr Interesse, das Sie den Produkten unseres Hauses entgegenbringen. Sicher haben Sie Verständnis, daß wir Ihrem Wunsch nach einer Packung Zahncreme nicht nachkommen können. Wie sollten wir uns sonst den verbleibenden 58 Millionen Bundesbürgern gegenüber verhalten? Außerdem hat unser Unternehmen es sich zum Prinzip gemacht, keine Waren kostenlos zu vergeben. Allein durch diese Maßnahme sind wir in der Lage, einen so niedrigen Kaufpreis anzubieten, der schließlich Ihnen als Verbraucher zugute kommt...« — Drehst du den Spieß aber um (verlangst nicht eine, sondern 40 Tuben) und kitzelst die Firmen an der richtigen Stelle, kommen halt 1,6 Kilometer Zahncreme raus; und blendend weiße Zähne.

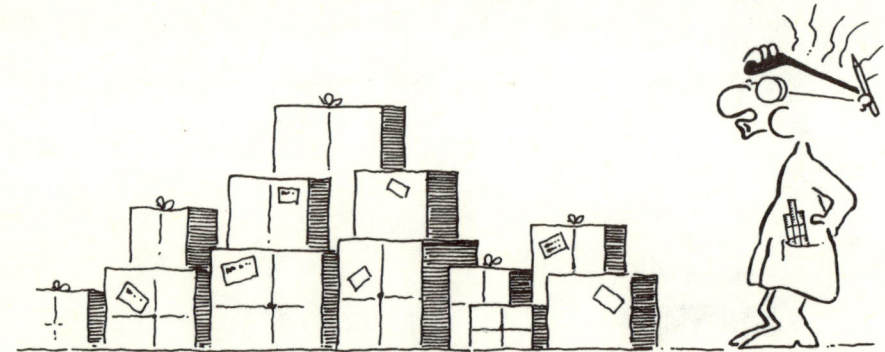

Die Ecke für den Statistiker

versendete Briefe	gelieferte Waren	Verkaufswert
15	482 Tuben	DM 1400,—

Tafel II: Wie man auftreten kann (a).

Als Bordellbesitzer ...

...Regattaveranstalter ...

... Lehrer ...

... Jäger...

... Wissenschaftler...

... Rekordsüchtiger ...

Tafel III : Wie man auftreten kann (b).

... Senioren fußballer ...

... Promoter ...

... Freischaffender ...

... Gastronom (Essen) ...

... Gastronom (Trinken) ...

...oder als Kreativteam.

2.1 Feuerzeuge: Klick, Klack, Flamme

Du fischst dir einen Glimmstengel aus dem Päckchen, suchst nach Feuer. Wo sind denn bloß die Streichhölzer? Wütend durchwühlst du alle Jacken-, Hosentaschen und Schubladen.

Verdammt, ist wirklich kein Feuer im Haus? Gerade jetzt, wo du sooo einen Schmachter hast. Machst du jetzt die Herdplatte rotglühend oder zündest du die Fluppe am Toaster an?

Die Wahl trifft auf den Toaster. Doch du ziehst deine Konsequenz aus diesem peinlichen Vorfall. Und eine neue Idee ist da: Als nächstes wird die Feuerzeug-Branche um einige Muster erleichtert.

Zwar ist dir die Branche völlig fremd. Aber was soll's. Die Mechanismen sind einheitlich. Verdienen wollen sie alle. Nur auf die >geplante Geschäftsgründung< als Aufhänger hast du keinen Bock mehr. Ist jetzt irgendwie abgedroschen. Also Thomas, schmeiß dich gefälligst ins Zeug und strick mal eine neue Masche.

Warum nicht anstelle von normalem Briefpapier einen Geschäftsbogen zimmern. Du krickelst mit dem Filzer übers Papier und tippst den Briefkopf auf der Schreibmaschine. Überlegst — drucken lassen ist zu teuer. Also ab in den nächsten Copy-Shop. Erstmal auf Vergrößerung stellen und die Buchstaben ordentlich aufblasen. Jawoll, das kommt gut. Sieht scharf aus — als wäre der Text frisch gesetzt. Jetzt schnappst du dir noch dickeres Papier — das mit dem Grauton wirkt recht wertvoll — und jagst 200 Bögen durch die Kopier-Mühle. Fünf Minuten später hältst du einen Stapel astreines Geschäftspapier in der Hand.

Mit der lockeren Geste eines frisch gebackenen Unternehmers blätterst du die 23 Märker bei der Kasse hin und verläßt mit selbstbewußtem Schritt den Laden. Ja, im Geschäftsleben ist halt ein souveränes Auftreten wichtig.

Die kreative Strategie

Diplomingenieur
Thomas Brockmann   2000 Hamburg
& Partner

0 40

BRAUN AG
– Vertrieb –
Postfach 11 40

6968 Walldürn

Typ-Muster Feuerzeuge

Sehr geehrte Damen und Herren,

im Herbst dieses Jahres wird in Schleswig-Holstein wiedermal ein großes Open-Air-Konzert veranstaltet, zu dem namhafe internationale Gruppen eingeladen sind. Im Rahmen der aufwendigen Vorbereitungen für dieses Pop-Festival wurden einige Arbeiten an Freelancer vergeben.

So sind wir im wahrsten Sinne auf eine ,,zündende Idee'' gekommen. Wir haben eine Promotion entwickelt, bei der ca. 400 hochwertige Feuerzeuge über Eintrittskarten verlost werden sollen. Die Lieferung der Geräte müßte bis Ende August erfolgen.

Um unserem Kunden vor der Auftragserteilung zu ermöglichen, sich einen persönlichen Eindruck zu bilden, erbitten wir die Zusendung von zwei Typ-Mustern. Für die Aktion wurde ein Gesamtetat von DM 30.000,– veranschlagt, so daß wir bei dem Feuerzeug von einem mittleren Preisniveau ausgehen.

Wegen des in Kürze anberaumten Präsentationstermines wären wir Ihnen für eine zügige Bearbeitung dankbar. Außerdem erbitten wir ein spezifiziertes Angebot bei einer Abnahme von 350, 400 und 450 Feuerzeugen.

Mit bestem Gruß

BRAUN

Braun AG
Verkaufsabwicklung Promotion- und Werbeartikel
Bonnstraße 2, 6968 Walldürn
Telefon (0 62 82) 62 86
Telegrammadresse Braun Walldürn
Fernschreiber 04-66 427

Braun AG   Postfach 1140   6968 Walldürn

Thomas Brockmann & Partner
z. Hd. Herrn Brockmann
█████████████ ███

2ooo Hamburg ███

Ihre Anfrage vom   03.06.85

Dieses Angebot ist ausschließlich bezogen für Werbe-, Promotion
oder Prämienzwecke. Geräte aus Lieferungen, die auf diesem Angebot beruhen, dürfen weder an Belegschaftsmitglieder noch an
außenstehende Dritte verkauft werden. Mit Ihrer Auftragserteilung
erkennen Sie neben unseren Verkaufsbedingungen die vor-
stehende Zweckbestimmung ausdrücklich an.
Bei eventuellen Rückfragen stehen wir Ihnen gerne zur Verfügung.
Wir freuen uns auf Ihren Auftrag.
Mit freundlichen Grüßen
Braun Aktiengesellschaft

ANGEBOT

Walldürn, den   12.06.85

Sehr geehrte Damen und Herren,

vielen Dank für Ihre Anfrage.
Gerne unterbreiten wir Ihnen das gewünschte Angebot.

Pos.-Nr.	Produkt-Name	Artikel-Nr.	Angebotsstückzahl		Netto-Preis*
1	Dymatic velour	612o3o1	3oo	-	29,5o
			5oo	-	29,00
2	Dymatic Riefendekor	612o3o3	3oo	-	30,00
			5oo	-	29,5o
3					

* zuzüglich MWSt. Zahlbar innerhalb 14 Tagen mit 3% Skonto, 30 Tage netto.

Lieferzeit: ca. 2-3 Wochen bei Werbeanbringung, neutral sofort

Werbeanbringung: Druckkosten einfarbig   Stück o,4o

Werkzeugkosten   5o,00

Rüstzeitkosten mit Ausfallmuster 45,oo ohne Ausfallmuster 22,5o

Sonstige Leistungen:

Sitz der Gesellschaft: Frankfurt (Main), Registergericht: Frankfurt (Main) HRB 8350.

Vorsitzender des Aufsichtsrats: Colman M. Mockler.

Vorstand: Lorne R. Waxlax (Vorsitzender)
Albrecht Schultz (Stellv. Vorsitzender), William Buckoke,
Wolfgang Krohn, Eduard van Meer.

Braun Form 10.377 - 7/82

Bankve   nkleitzahl:
Bayerische·   .03 201 91
Berliner Handels·   500 202 00
Deutsche Bank AG   500 700 10
Dresdner Bank AG   500 800 00
Effectenbank-Warburg AG   501 207 17
Merck, Finck & Co.   501 304 00
Landeszentralbank in Hessen   500 000 00

Postscheck   52427-05 500 100 60

Also, den Herd könntest du ruhig abmontieren, und den Toaster brauchst du auch nicht mehr. Denn Feuerzeuge hast du reichlich. Und ginge dir das Gas aus, zauberst du einfach einen neuen Feuerspender aus den Kartons.

Die Sache mit dem Open-Air-Konzert hat voll gegriffen. Wahrscheinlich haben die Jungs das Segeberger Pop-Festival oder die Eutiner Jazz-Tage vor Augen gehabt.

Oder dachten die Lieferfirmen eher an die Kieler Woche?

Ist ja egal. Schließlich gibt es einen ganzen Haufen solcher Veranstaltungen. Hauptsache, du hast nichts Konkretes genannt, wo Rückfragen möglich wären. Bei deinen schwammigen Formulierungen könnte die Beschreibung genauso auf einen Volksmusik-Wettstreit im kleinen Rahmen zutreffen; so mit Blockflöte, Wandergitarre und Ziehharmonika. Und ein veranschlagter Etat ist halt noch kein tatsächlich vorhandener.

Kurzum, nichts als heiße Luft.

Aber das hat keine Firma getickt. Die Kohle im Visier, sehen Geschäftsleute wohl nur das, was sie sehen wollen. Und das war garantiert ein großartiges Musik-Spektakel.

Die Ecke für den Statistiker

versendete Briefe	gelieferte Waren	Verkaufswert
40	83 Feuerspender	DM 800,—

2.2 Füllhalter:
Die Schönschreib-Revolution

Als nächstes sind Füllhalter fällig. So viel steht fest. Schließlich können diese exklusiven Griffel ganz schön teuer sein. Du willst mal richtig zulangen, anständige Werte ranschaufeln.

Ein Blick in deine Branchen-Bibel. Ausgezeichnet, Hersteller gibt es genug.

Jetzt wird das Abgrasen im großen Stil betrieben. Nur brauchst du eine Alternative für das ewige Briefetippen. Auf Dauer ist das In-die-Tasten-Hauen ein ziemlicher Schlauch.

Du grübelst, legst deine Stirn in Falten und wägst die möglichen Verfahren ab. Die Schreiben einmal tippen, ginge. Nur läßt sich die Firmenanschrift nachher nicht einsetzen. Und die ist wichtig, damit sich jeder Unternehmer persönlich angesprochen fühlt. — Kopierte Schrift ist nämlich schwarz und Schreibmaschinen-Band grau-blau. — Du knobelst an der Sache, hast plötzlich die Lösung: Du tippst einmal den Mustertext und jeweils auf ein neues Blatt Papier die Anschrift. Beide Bögen so übereinander legen, daß Text und Briefkopf aneinander stoßen. Nur die Adresse austauschen und fertig ist ein neuer Brief. Bei der heutigen Kopierqualität ist die Papierkante nicht mehr zu sehen.

Ein anderer Weg wäre eine Schreibmaschine mit Textspeicher. Bis zu 5 DIN-A-4-Seiten kann man eingeben und per Knopfdruck abrufen. Neu kosten die Geräte allerdings schlappe 1300 Mark. Ziemlich abschreckend. Und so eine Speichermaschine einfach als Muster bestellen? Du könntest sie ja später mit der Erklärung zurückgeben, deine Finger seien zu breit für die schmalen Tasten. Eine nette Vorstellung. Aber dafür dürfte eine schriftliche Anfrage nicht ausreichen und der Postversand ungeeignet sein. Schließlich sind es hochempfindliche Geräte.

Aber vielleicht kannst du dir so eine elektronische Tippse pumpen. Also schmeißt du dich ans Telefon und klapperst sämtliche Bürohengste aus der Verwandtschaft ab. Beim fünften Anruf klappt es endlich. Einen Tag später steht das Schreibgeschütz vor dir. Bogen einlegen, Adresse tippen und ein sanfter Druck auf die Abruftaste. Schon rattert der gespeicherte Text raus. Nach drei Minuten ist alles vorbei.

Mensch, auf die Idee hättest du wirklich schon früher kommen können.

Die kreative Strategie

Diplomingenieur   Thomas Brockmann   2000 Hamburg
                 & Partner   0 40

LAURIN-REBHAHN GmbH
Schreibgeräte — Malbedarf
— Vertrieb —
Postfach 14 40

7050 Waiblingen

Bemusterung Füllhalter

Sehr geehrte Damen und Herren,

*als freiberuflicher PR-Berater betreue ich u. a. mehrere Vertriebsniederlassungen
eines bekannten Autoherstellers. Obwohl Promotion- und VKF-Aktivitäten
eigentlich nicht zu meinem Servicepaket gehören, wurde ich mit der Aufgabe
betraut, eine Verbraucher-Promotion zu konzipieren. Anläßlich einer Jubiläumsfeier sollen Stammkunden und Außendienstmitarbeiter mit einem geeigneten
Geschenk geehrt werden.*

*Verabschiedet wurde die Idee, einen wertvoll anmutenden Füllhalter mit Box
einzusetzen. Neben dem hochwertigen und zeitgerechten Erscheinungsbild
(Akzeptanz bei unterschiedlichen Altersgruppen!) ist für das Firmenemblem
eine Gravur auf dem Schreibgerät oder ein Bedrucken des Etuis unbedingt notwendig. Insgesamt ist eine Stückzahl von ca. 500 Füllern geplant. Da der Kunde
seine Entscheidung nicht auf Basis von Prospektunterlagen treffen möchte,
bitten wir um zwei geeignete Typ-Muster (möglichst mit Bedruckung oder
Gravur). Außerdem erbitten wir ein spezifiziertes Preisangebot bei einer Abnahme von 500, 600 und 700 Füllhaltern. Da voraussichtlich Ende Mai/Anfang
Juni der Produktionsauftrag erteilt werden soll, wären wir Ihnen für eine baldige
Bearbeitung dankbar.*

Mit vorzüglicher Hochachtung

LAURIN
Rebhan

Laurin-Rebhan GmbH
Schreibgeräte – Malbedarf
Max-Eyth-Straße 26
7050 Waiblingen

Telefon Waiblingen (0 71 51) 5 68-1
Telegramm-Adresse: Laurinrebhan, Waiblingen
Telex: Laur d 7 24 350, 7 262 201

Konten:
Kreissparkasse Waiblingen (BLZ 602 500 10) 220 402
Deutsche Bank Waiblingen (BLZ 600 700 70) 82/24 800
Postscheckkonto Stuttgart (BLZ 600 100 70) 354 15-705

Laurin-Rebhan GmbH, Postfach 1440, 7050 Waiblingen

Diplomingenieur
Thomas Brockmann & Partner
~~████████████~~

2000 Hamburg ██

Sachbearbeiter: ~~█████████~~
Direktdurchwahl-Nr.: 568- 202

Ihr Zeichen	Ihr Schreiben	Unsere Zeichen	Waiblingen, den
	8.5.85	VW-Die/St	21. Mai 1985

Angebot über Füllhalter

Sehr geehrter Herr Brockmann,

so wie Sie uns die Jubiläumsaktion beschreiben, kommt aus unserem Sortiment nur ein Füllhalter aus der CD-Serie in Frage.

Auflage:	500 - 700 Expl.
Art.-Nr. 677-0314 CD-Patronenfüllhalter glanzverchromt mit vergoldeten Beschlägen im Geschenketui	DM 9,40 per Expl.
+ Ätzung auf der Kappe *oder Schaft:*	DM -,30 per Expl.

+ Reproduktionskosten   DM 27,--
+ Schablonenkosten   DM 23,--
+ Einrichtungskosten   DM 10,--

Oder Sie entschließen sich das Etui zu bedrucken, hier müssen Sie neben den Repro-, Sieb- und Einrichtungskosten DM -,20 per Expl. rechnen.

Ein Beispiel der dezenten Ätzung auf dem Schreibgerät liegt als *Füller* Kugelschreiber diesem Schreiben bei. Ebenso erhalten Sie ein Muster des oben beschriebenen Füllhalters, der im Laden einen Preis von rund DM 30,-- repräsentiert.

Damit Sie sich einen zusätzlichen Eindruck über unser Lieferprogramm machen können, liegt diesem Schreiben eine Programmübersicht bei.

Mit freundlichem Gruß
Laurin-Rebhan GmbH
Werbemittelservice

~~████████████~~

Anlage

Schreibgeräte-Malbedarf· Instruments à écrire-articles de dessin
Writing instruments-colouring and drawing materials

Geschäftsführer: G.Leenders, R. Reichle
Registergericht: Amtsgericht Waiblingen, HRB 139

Eigentlich hältst du dich in Sachen Musterjagd für ziemlich abgeklärt, routiniert und gerissen. Glaubst mittlerweile abschätzen zu können, wie hoch die Rückläufe ausfallen. Und doch wirst du wieder mal belehrt.

Nicht im Traum hättest du eine solche Füllerflut erwartet. Und nicht etwa irgendeinen Plunder. Selbst Geha, Pelikan und Lamy waren mit von der Partie. In Holzgestaltung, Leichtmetall und mit Goldfeder. Vom farbenfrohen Design bis zur noblen Bankiers-Ausführung.

Bei dieser Auswahl könntest du täglich den Füller wechseln und hättest für Wochen genug. Welch angenehme Perspektive.

Die Ecke für den Statistiker

versendete Briefe	gelieferte Waren	Verkaufswert
45	103 Schreibgeräte	DM 1100,—

2.3 Regenschirme: Mit hohlem Charme zum tollen Schirm

Regenschirme

Der Stapel Briefpapier liegt auf dem Tisch, und du hast nicht eine einzige Idee. Dir dröhnt der Kopf. Bist total abgeschlafft. Hast heute keinen Bock auf fetzige Musterbriefe.

Komm, reiß dich zusammen! Du willst schließlich Regenschirme an Land ziehen. Klären, ob auch größere Waren wie selbstverständlich verschickt werden. Doch du weißt plötzlich nicht mehr, wie du's anfangen sollst.

Scheinst alles vergessen zu haben.

Also los, Thomas, zieh dir die Technik nochmal rein.

Worauf kommt's denn an?

1) DER EINSTIEG
Sag, wer du bist, was du machst. Schmeiß eine klangvolle Berufsbezeichnung aufs Papier. Nenn eine Tätigkeit, bei der Kunden üblich sind. Aber gib keine Firmennamen an, sonst fragt man nach.

2) DIE ANMACHE
Mit markigen Sprüchen beschreibst du die Super-Aktion, den Anlaß für das spätere Geschäft: Spinne eine pfiffige Idee zusammen, laß deiner Phantasie freien Lauf. Hauptsache es hört sich glaubhaft, realistisch, vorstellbar an.

3) DAS AUFREISSEN
Jetzt wirf den Köder aus, erzähl vom Riesengeschäft. Weise auf die hohe Stückzahl hin und den großen Etat, der verbraten wird. Der Auftrag ist schmackhaft, heizt jeden Freak der Branche an.

Aber

4) DIE PROVOKATION
Von dem Produkt verlangst du beste Qualität, stellst hohe Anforderungen an die Ware, willst die Eignung erst prüfen.

5) DIE ORDER
Du willst Typ-Muster, Original-Proben oder eine Bemusterung, aber bloß keinen Prospekt oder Katalog.

6) DIE TARNUNG
Den weiteren Ablauf schilderst du professionell. Die vorgehensweise ist typisch für Geschäfte: Willst Angebote, Preisliste, Ansprechpartner erfahren.

7) DIE ABWEHR
Sag es ganz deutlich, aber höflich: keinen Klinkenputzer, Gebietsvertreter, Zwischenhändler zu Besuch, — sonst rennen sie dir die Bude ein.

8) DIE BESCHLEUNIGUNG
Tempo machen heißt die Devise. Du brauchst Angebot und Muster bald. Setz eine Frist. Das ist normal. Dann mußt du nicht so lange warten.

9) DIE FUSSFALLE
Du ballerst mit Fachausdrücken um dich. Überschüttest den Text mit Fremdwörtern. Haust voll auf den Putz. Damit räumst du letzte Zweifel aus; beweist Kompetenz.

10) DER TRICK
Ein Hintertürchen baust du ein. Informierst so ganz am Rande: Die Entscheidung liegt nicht bei dir. Allein **geplant** ist die Aktion. Den Auftrag erteilt nur der Kunde. Das heizt ihn noch mehr auf. Denn jetzt will er dich besonders gut bedienen.

Jawoll, so ist der Raster, du brauchst nur noch die Idee, eine die irgendwie zur Ware paßt. Ja, du bist wieder guter Dinge. Der innere Schweinehund ist besiegt. Und einen Einfall hast du auch schon.

Die kreative Strategie

Diplomingenieur
Thomas Brockmann   2000 Hamburg
& Partner

0 40

ZANGENBERG – Schirmfabrik
Heinrich Zangenberg GmbH & Co.
Postfach 44 40

4500 Osnabrück

Typ Muster Regenschirm für Promotion

Sehr geehrte Damen und Herren,

als Freelancer und Promoter bin ich mit den Vorbereitungen einer Direct-Mail-
Aktion für eine bekannte Parfumerie-Kette beschäftigt. Aufgabenstellung ist,
mit einem Incentive Stammkunden anzusprechen. Dabei sollen u. a. ca. 2.000
hochwertige Regenschirme ausgelobt werden.

Ende April soll entschieden werden, welches Unternehmen mit der Produktion
beauftragt wird. Daher möchten wir Sie um die Bemusterung eines geeigneten
Regenschirmes in Weiß (uni) bitten. Als Etat sind etwa DM 200.000,-- geplant,
so daß trotz hochwertiger Anmutung der Preis von DM 80,-- (inkl. MWSt.) je
Schirm auf keinen Fall überschritten werden darf.

Darüber hinaus benötigen wir für eine erste Kalkulation ein spezifiziertes An-
gebot folgender Abnahmemengen: 1.500, 2.000 und 3.000 Regenschirme.
– Bei Auftragserteilung soll auf den Schirmen der Schriftzug „EIN REGEN-
FESTER TYP" im HKS-Ton 13 K gedruckt werden. Standverbindliche Strich-
Vorlage sowie Satz und Farbauszeichnung werden rechtzeitig von uns zur Ver-
fügung gestellt.

Bitte nennen Sie uns für weitere Fragen den Ansprechpartner in Ihrem Hause.
Momentan befinden wir uns jedoch im Stadium der Projekt-Vorbereitung, so
daß wir uns zunächst von Qualität und Verarbeitung ein persönliches Urteil
bilden möchten. Nach der Entscheidungsfindung werden wir direkten Kontakt
mit Ihnen oder einer benannten Person aufnehmen.

Mit freundlichen Grüßen

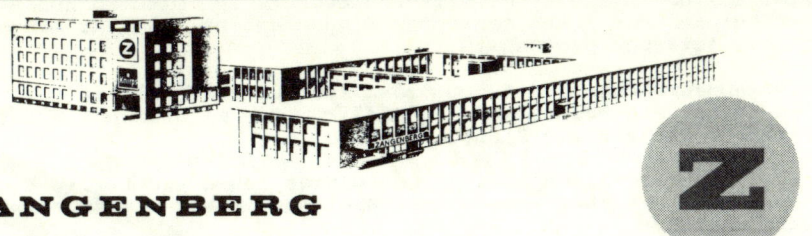

ZANGENBERG

HEINRICH ZANGENBERG GMBH & CO POSTFACH 44 40 4500 OSNABRÜCK

Die Kreative Strategie
Dipl.Thomas Brockmann & Partner
████████████

2000 Hamburg ██

Regenschirme
Regenschirme Modell
Taschenschirme Original
Regenmäntel *Hovel Coat*
Gartenschirme
Gartenmöbel-Auflagen
Zangenberg Sekundenzelt
Koffer *Travel Pet*

4500 OSNABRÜCK

Sehr geehrter Herr Brockmann!

Nach Erhalt Ihres Briefes vom 18.3.85 haben wir mehrfach versucht,
mit Ihnen telefonischen Kontakt aufzunehmen, um für Ihre Anfrage
einen gezielten Musterschirm anbieten zu können. Da wir leider bis
heute keine Verbindung erhalten haben, bemustern wir Ihnen einige
Artikel aus unserem Programm.

Wir vertreiben ein hochwertiges modisch aktuelles Regenschirm-Pro-
gramm und sind der größte deutsche Eigenproduzent von Regenschirmen.
Wir konfektionieren und vertreiben z.B. exklusiv für Europa eine
NINA RICCI-Regenschirm-Kollektion.

Durch die eigene Produktion können wir uns voll und ganz auf die
Wünsche Ihres Kunden einstellen.

Mit unserer heutigen Bemusterung möchten wir Ihnen verschiedene
Gestaltungsmöglichkeiten als Basis für weitere Gespräche aufzeigen.

1. Art. 19516 Modell NR 8084   57 cm Schienenlänge vermessingt,
   8teilig, durchgehender Holzstock, Messing-Rundhakengriff,
   Stoff 100% Polyamid Satin uni mit oder ohne gesteppter Mittelnaht
   lieferbar
   Preis ohne gesticktes Emblem und ohne NR Royalty   DM 49,50

2. Art.19517 Modell NR 8086 - 60 cm Schienenlänge/8teilig,
   14 mm Holzstock, Griff und Top Kunststoff elfenbein-
   farbig mit Leder bezogen, Stoff 100% Baumwolle, mit
   Nahtkederband, kann auch mit gepaspelter Kante oder mit
   gesteppten Ziernähten an den Kanten geliefert werden,
   Preis ohne Stickerei und NR Royalty   DM 44,50

3. Art. 12236 Mode AUSTRIA 60 cm Schienenlänge/8teilig,
   ganzvermessingtes Gestell, Stoff 60 % Polyamid,
    40% Polyester Satin Jacquard, eleganter Holz-Rundhaken
   Preis per Stück   DM 38,90

4. Art. 12208 Mode AZZURRA 57 cm /8teilig oder 60 cm /8tei-
   lig, Ganzmessing, Stoff 60% Polyamid/40% Polyester Satin-
   Streifen, Leder-Rundhakengriff
   Preis per Stück   DM 39,90

Bei den ersten beiden Modellen können wir Ihnen nähtechnisch mit
Applikationen, Steppnähten etc. weitere Modelle nach Ihren Wünschen
anfertigen.

Die Modelle 3 und 4 sind in rein weiß anzufertigen. Auch hier sind
webtechnisch andere Motive denkbar. Da hier der Stoff von Grund auf
angefertigt werden muß und die Kapazität der Weberei beschränkt ist,
muß von einer Lieferzeit von ca. 4 - 5 Monaten ausgegangen werden.

Alle Stoffe sind im Siebdruckverfahren bedruckbar. Die Mehrkosten betragen bei den von Ihnen genannten Mengen ca. DM 1,00 für einen einfarbigen Aufdruck pro Schirm.

Bei einer Abnahmemenge von 3.000 Stück ist auf der Qualität von Polyamid-Satin ein Maschinendruck möglich, der natürlich eleganter und haltbarer ist als ein Siebdruck.

Wir würden uns freuen, wenn wir Ihnen einige Ideen vermitteln konnten. Für Gespräche steht Ihnen unser Herr Kuhlmann im Hause jederzeit zur Verfügung.

Mit freundlichen Grüßen

2000 hochwertige Regenschirme mit Direct-Mail verschicken? Du greifst dich an den Kopf, könntest schreien vor lachen.

Hat denn keine Firma den Schwachsinn geschnallt? —

Direct-Mail ist nichts anderes als Direktwerbung, wie sie tagtäglich in unseren Briefkästen landet. Werbezettel oder Katalogangebote werden an bekannte Adressen und ehemalige Käufer verschickt. Eventuell mit billigen Werbegeschenken wie einem Kugelschreiber, Flaschenöffner, Lesezeichen aufgemotzt. Diese Artikel kosten Pfennigbeträge und passen problemlos in jeden Briefumschlag. — Nie und nimmer aber eignen sich Regenschirme für eine Direct-Mail-Aktion. Dazu sind sie viel zu teuer und die Kosten für Porto und Verpackung zu hoch.

Offensichtlich lassen sich selbst verrückte Kombinationen glaubhaft an den Kaufmann bringen. Hauptsache du vergißt nicht, den geschäftlichen Anreißer in wortgewaltiges Fachgeplänkel zu hüllen. Zufrieden betrachtest du deine Postladung Regenschirme. Vor dir ausgebreitet:

Der Taschenschirm für den schnellen Regen,

die Automatikversion für Hamburger Schmuddelwetter,

der Tandemschirm für das Gewitter zu zweit,

mit Holzgriff für den feinen englischen Landregen nach acht

und in Plastik für den wasserscheuen Trocken-Duscher.

Unter diesen Umständen bleibt natürlich der Trend zum Zweitschirm ungebrochen.

Die Ecke für den Statistiker

versendete Briefe	gelieferte Waren	Verkaufswert
12	27 Schirme	DM 900,—

2.4 Sonnenbrillen: Und Papi hat keinen Pfennig dazubezahlt

Ein vorsichtiger Blick hinter die Gardine. Grell knallt die Sonne ins Gesicht. Nach der durchzechten Nacht geht dir das laute Licht voll auf die Pupille. Wieder mal ein Tag, der nur mit Sonnenbrille und Alka Selzer durchzustehen ist. Die unverzichtbaren Lebenshilfen für den gnadenlosen Alltag.

Bei Kopfschmerztabletten dürfte die Auswahl eher mager sein. Da bist du schon gieriger auf flotte Sonnenbrillen. Bloß kein Modell à la Heino. Mehr was für den angebräunten Freizeitsportler.

August Wulf GmbH
— Vertrieb —
Postfach 36 80

4902 Bad Salzuflen

Typ-Muster Sonnenbrille

Sehr geehrte Damen und Herren,
moin, moin!

Im Spätsommer werden wir wieder ein internationales Regattatreffen auf der Ostsee durchführen. Dazu erwarten wir Teilnehmer aus GB, Norwegen, Schweden und Frankreich. Höhepunkt dieser 5-tägigen Dickschiff-Veranstaltung wird mit Sicherheit die geplante Abendgala im Kieler Yachtclub sein, wo statt Bierdosen Sektgläser „gelenzt" werden.

In den letzten Jahren wurden ausschließlich die Erstplazierten mit wertvollen Preisen geehrt. Ganz anders soll es in diesem Jahr laufen, wo sämtliche Teilnehmer (Skipper und Crew mit Begleitung) ein Erinnerungsgeschenk erhalten. Zu diesem Zweck suchen wir eine Sonnenbrille im Piloten-Styling, die wir ggf. in einer Menge von ca. 500 Stück benötigen. Von einem Kollegen wurde mir Ihre Firma als Ansprechpartner empfohlen.

Daher möchte ich Sie bitten, uns ein Muster einer in Frage kommenden Brille zu schicken, um festzustellen, ob sie für unseren Zweck geeignet ist. Nur verschonen Sie uns bitte mit Unmengen an Prospektmaterial, da wir nur einen bestimmten Brillentyp suchen. Und auf Fotos sieht schließlich fast alles toll aus.

Allzeit guten Wind
und freundliche Grüße

August Wulf GmbH, Postfach 36 80, D-4902 Bad Salzuflen 1

AUGUST WULF GMBH · WEST GERMANY

Thomas Brockmann

██████████████

2000 Hamburg ██

Ihre Zeichen/Ihre Nachricht vom	Unsere Zeichen/Telefon (Durchwahl)	Datum
	te-hü 804-19	3. Mai 1985 Freitag

Ihre Anfrage vom 19.04.85

Sehr geehrter Herr Brockmann,

vielen Dank für Ihr freundliches Schreiben. Als Anlage
erhalten Sie zwei Sonnenbrillenmuster in der gewünschten
Pilotform. Wie Sie beiliegendem Prospektblatt entnehmen
können, sind diese Modelle auch in anderen Farben erhältlich.

Für Ihre Aktion empfehlen wir Modelle mit polarisierenden
Sonnenschutzgläsern. Wie Sie wissen, sind die Gläser für
den Wassersport optimal, da die insbesondere die horizon-
tal reflektierte Strahlung absorbieren. Bitte testen Sie
die Funktion.

EK/DM pro Stück zzgl. MWSt.

	1)	2)
6690	19,50	18,00
6910	19,50	18,00

1) polarisierende Scheiben 'Polaroid'
2) polarisierende Scheiben 'Polarized'

Rabatte:

ab 100 Stück   5 %
ab 250 Stück   10 %
ab 500 Stück   15 %

Lieferzeit 6 - 8 Wochen nach Auftragseingang.
Liefermöglichkeiten vorbehalten. Etuis auf Anfrage.

Mit freundlichem Gruß
August Wulf GmbH

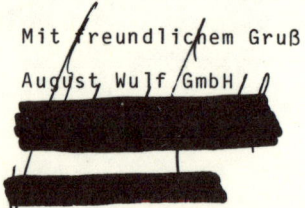

Als ob du nur die blasseste Ahnung vom Hochseesegeln hast. Schon beim bloßen Gedanken wirst du seekrank. Das fachliche Geschnacke jedenfalls stammt aus der Sportschau und das Hummel-Hummel von einer Hans-Albers-Platte.

Einem norddeutschen »Fischkopf« nimmt man die internationale Regatta offensichtlich locker ab. Denn an Brillen mangelt es dir nun wirklich nicht mehr. Getönte Nasenfahrräder in allen Preislagen — sogar im Porsche-Design für 250 Mark das Stück.

Nach diesem Boom an Sonnenbrillen könntest du jedenfalls den halben Fischer-Chor damit ausstatten. Oder sollen es lieber die Berliner Philharmoniker sein?

Die Ecke für den Statistiker

versendete Briefe	gelieferte Waren	Verkaufswert
35	97 Brillen	DM 1600,—

2.5 Hemden/T-Shirts: Die Konsequenz in der Herrenmode

Du geierst nach Oberbekleidung. Willst die Modepäpste ordentlich ausziehen. Kostenlose Klamotten fehlen noch in deiner Sammlung.

Soll die Textilbranche doch mal eine Runde T-Shirts, Sweatshirts und Oberhemden rüberwachsen lassen.

Nur ist es ziemlich blöde, daß du dich in der Branche gar nicht auskennst. Also stürzt du dich ins nächste Kaufhaus und durchstöberst die Textilabteilung. Mit Schreibblock und Kuli bewaffnet, suchst du nach technischen Angaben, die du für die Briefe verwerten kannst. Fragst auch die Verkäuferin nach Gewebe, Schnittformen und Farbangaben.

Irgendwie muß die Sache schließlich konkret werden. Kannst ja schlecht schreiben: »Hey Jungs, schickt mir mal alles, was Ihr so an Hemden produziert.«

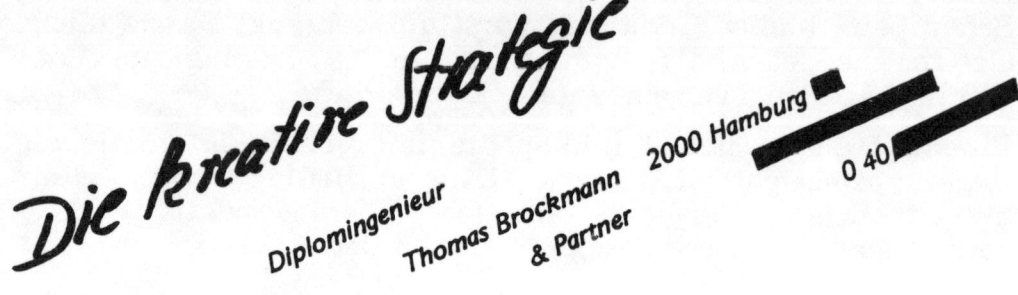

Die kreative Stategie

Diplomingenieur Thomas Brockmann & Partner 2000 Hamburg ■ 0 40 ■

ELSBACH
Wäschefabriken GmbH & Co. KG
— Verkaufsleitung —
Postfach 15 43

4900 Herford

Typ-Muster Herrenhemden

Sehr geehrte Damen und Herren,

als Freelancer und Promoter bin ich mit den Vorbereitungen einer Promotion-Aktion für ein namhaftes norddeutsches Verlagshaus beschäftigt. Aufgabenstellung ist u. a., über ein Werbegeschenk der Verlagsleitung eine Verbesserung der Internal Relations zu erzielen. Dabei sollen neben hochwertigen Halstüchern für die weiblichen Angestellten ca. 2.000 Herrenhemden an männliche Mitarbeiter, Außendienst und Klientel ausgelobt werden.

Ende April soll entschieden werden, welches Unternehmen mit der Produktion beauftragt wird. Daher möchten wir Sie um zwei unterschiedliche Typ-Muster Ihrer Herrenhemden bitten:

> Material: Mindesanteil 60 % Baumwolle
> Farbe: Weiß (uni)
> Ausführung: nicht tailliert.

Darüber hinaus benötigen wir für eine erste Kalkulation ein speziziertes Angebot folgender Abnahmemengen: 1.500, 2.000 und 3.000 Herrenhemden.

Bitte nennen Sie uns für weitere Fragen den Ansprechpartner in IhremHause. Momentan befinden wir uns jedoch im Stadium der Projekt-Vorbereitung, so daß wir zunächst die Präsentation vor der Verlagsleitung abwarten möchten, bevor wir direkten Kontakt zu Ihnen aufnehmen.

Da es zur Zeit darum geht, unserem Kunden anhand der Muster die Möglichkeit zu geben, sich von Qualität und Verarbeitung ein persönliches Urteil zu bilden, wären wir Ihnen für eine baldige Bearbeitung unseres Schreibens dankbar.

Mit freundlichen Grüßen

Die kreative Statgie

Diplomingenieur Thomas Brockmann 2000 Hamburg
& Partner

0 40

Wrangler Blue Bell GmbH
— Verkaufsleitung —
Postfach 10 20 28

6072 Dreieich

Bemusterung T-Shirt/Sweatshirt

Sehr geehrte Damen und Herren,

als Freelancer und Promoter bin ich mit den Vorbereitungen einer Direct-Mail-Aktion für eine bekannte Parfumerie-Kette beschäftigt. Aufgabenstellung ist, mit einem Incentive Stammkunden anzusprechen. Dabei sollen u. a. etwa 5.000 hochwertige Freizeithemden ausgelobt werden.

Ende April soll entschieden werden, welches Unternehmen mit der Produktion beauftragt wird. Daher möchten wir Sie um je ein Typ-Muster eines T-Shirts und Sweatshirts in Weiß (uni) bitten. Als Etat sind ca. DM 100.000,-- geplant, so daß trotz hochwertiger Anmutung der Preis von DM 15,-- (inkl. Lieferung) je Freizeithemd auf keinen Fall überschritten werden darf.

Darüber hinaus benötigen wir für eine erste Kalkulation ein spezifiziertes Angebot folgender Abnahmemengen: 5.000, 6.000 und 7.000 Stück. — Bei Auftragserteilung soll auf den Hemden der Schriftzug „Ein DUFTer Typ" im HKS-Ton 13 K dessiniert werden. Standverbindliche Strichvorlage sowie Satz und Farbauszeichnung werden rechtzeitig von uns zur Verfügung gestellt.

Bitte nennen Sie uns für weitere Fragen den Ansprechpartner in Ihrem Hause. Momentan befinden wir uns jedoch im Stadium der Projekt-Vorbereitung, zumal noch nicht entschieden ist, ob ein T-Shirt oder Sweatshirt für die Promotion eingesetzt wird.

So möchten wir zunächst unserem Kunden die Möglichkeit geben, sich von Qualität und Verarbeitung einen persönlichen Eindruck zu bilden. Nach der Entscheidungsfindung werden wir direkten Kontakt mit Ihnen oder einer benannten Person aufnehmen.

Aus Termingründen wären wir Ihnen für eine baldige Bearbeitung unseres Schreibens dankbar.

Mit freundlichen Grüßen

Elsbach

Wäschefabriken GmbH + Co. KG

Elsbach GmbH + Co. KG · Postfach 15 43 · 4900 Herford

Firma
Thomas Brockmann & Partner
████████████████
2000 Hamburg ███

Ihr Zeichen	Ihr Schreiben vom	Unsere Zeichen	4900 Herford, 2.4.85 Normannstraße 6-12 (Goebenstr. 64)
		EL/Vo	

Gespräch mit Herrn Horstmann vom 27.3.1985

Sehr geehrte Damen und Herren,

mit separater Post haben wir Ihnen die Farbkarten und Musterhemden
unserer kurzfristig ab Lager lieferbaren Uni-Artikel zugesandt.
Die Materialzusammensetzung, die möglichen Schnitt- und Kragen-
formen gehen jeweils aus der Farbkarte hervor. Den für Sie gültigen
EK-Preis haben wir auf der Musterkarte vermerkt. Die Preisstellung
bezieht sich auf Lieferung ab Werk Herford incl. Verpackung.

Die Mindestabnahmemenge ist bei diesen Preislagen 1.500 Teile.
Eine Anfertigung separater Formen ist ab einer Mindestmenge von
1.500 Teilen pro Form möglich. Preise können wir Ihnen aber erst
dann nennen, wenn uns die Form zur Kalkulation vorliegt.

Wir würden uns freuen, wenn Sie von unserem Angebot regen Gebrauch
machen könnten.

Mit freundlichen Grüßen
E l s b a c h
Wäschefabriken GmbH + Co. KG
i.A.

Telefon: (0 52 21) 5 60 74 · Telex: 09 34 800 · Deutsche Bank AG Herford, Konto-Nr. 244/66 72 (BLZ 480 700 50) · Postscheckkonto: Hannover 42 17-306 · Amtsgericht Herford, HRB Nr. 1353 · Geschäftsführer Peter G. Ahlers · Komplementärin: Elsbach Wäschefabriken GmbH, Sitz Herford · Amtsgericht Herford, HRB Nr. 528

Da ist dir ein Fehler in das Anschreiben gerutscht.

Komisch, mit Oberhemden ging alles glatt. Aber der Rücklauf an T-Shirts und Sweatshirts war kläglich.

Im nachhinein liest du den Brief zigmal, versuchst das Problem zu knacken. Erst als du das Angebot eines Lieferanten bekommst, macht's plötzlich Klick bei dir. Der angegebene Preis von 15 Mark pro Freizeithemd war viel zu hoch. Vier bis fünf Mark kosten die T-Shirts normalerweise. Damit hast du natürlich keine Fachkompetenz bewiesen, sondern mit satter Unkenntnis geglänzt.

Die Konsequenz ist klar. Zukünftig wirst du nur noch von Etats und Stückzahlen sprechen, nicht aber von Einzelpreisen.

Die Ecke für den Statistiker

versendete Briefe	gelieferte Waren	Verkaufswert
40	22 Oberhemden 6 T-Shirts	DM 650,—

2.6 Modeschmuck: Für die Eleganz der Frau von heute

Nun geh nicht immer von deinem eigenen Haushalt aus. Du solltest auch mal an das weibliche Geschlecht denken, Thomas. Eine Frau wird wohl kaum strahlende Augen beim Anblick von Oberhemden und T-Shirts bekommen. Damit kannst du ihr höchstens ein müdes Zucken der Augenbraue abgewinnen. Aus dem Sessel springt sie aber sicher nicht.

Tief greifst du in die Klischee-Kiste, grabbelst und kramst nach typisch weiblichen Produkten. Wenn du siehst, was einige Frauen an Kohle für Glitzerkram hinblättern, müßte Modeschmuck den Nerv treffen. Zwar hast du keine Schnallung, was bei Schmuck an Fachchinesisch angesagt ist. Aber das läßt sich konstruieren. Und Straß ist eh im Trend. Soviel hast selbst du als Modemuffel mitgekriegt.

Bei diesem Brief willst du gleich etwas Neues ausprobieren. Sehen, ob du den Firmen auch ohne konkreten Etatrahmen und eigene Berufsbezeichnung eine Geschichte glaubhaft auftischen kannst. Und reichlich Glanz- und Glitterkram abluchsen.

Thomas Brockmann   xxxxxxstraße xx
Diplomingenieur   2000 Hamburg xx

ORNAMENT G. M. B. H.
Modische Schmuckwaren
— Vertrieb —
Oberferrieden

8501 Burgthann

Typ-Muster Modeschmuck

Sehr geehrte Damen und Herren,

im Sinne eines Freundschaftsdienstes organisiere ich für die befreundete
Besitzerin eines namenhaften Hamburger Modehauses eine Jubiläumsfeier.
Diese Veranstaltung wird in exklusivem Rahmen über 3 Tage durchgeführt
und findet ihren Höhepunkt voraussichtlich in der Abendgala im Hotel
Atlantic. Zu diesem Anlaß sollen Mitarbeiter, Klientel, Fachjournalisten
und langjährige Partner wie Vigasisten, Stylisten, Modelle, Fotografen etc.
mit einem besonderen Geschenk geehrt werden.

Nach längeren Überlegungen haben wir uns entschieden, den weiblichen
Gästen ein Modeschmuck-Present zu offerieren. Dabei soll es sich um ein an-
mutendes Ensemble aus Ring, Halskette und Armreif (vorzugsweise Straß)
handeln.

Um nicht anhand von Fotos oder Prospekten urteilen zu müssen, bitten wir
Sie, uns eine geeignete Bemusterung zu schicken. Da wir den kalkulierten
Etatrahmen nicht überschreiten wollen, benötigen wir ebenso ein spezifi-
ziertes Preisangebot (+ Angabe der Lieferzeit) für eine Abnahme von 200,
250 und 300 Geschenksets. In Ihrem Angebot bitten wir die Kosten für das
Konfektionieren eines Einlegekärtchens zu brücksichtigen. Die Lieferung
erwarten wir frei Hamburg. Nach Erhalt der Typ-Muster soll etwa Anfang
Juni der Auftrag vergeben werden.

Wegen der leider äußerst engen Terminierung wären wir Ihnen für eine
baldige Zusendung dankbar.

Mit freundlichen Grüßen

 **«ORNAMENT»** G.M.B.H.

ERZEUGUNG VON MODISCHEN SCHMUCKWAREN

‹ORNAMENT› GmbH · 8501 Burgthann - Oberferrieden

Herrn

THOMAS BROCKMANN

Diplomingenieur

██████████

2000 Hamburg ██

8501 BURGTHANN - OBERFERRIEDEN

Nürnberger Str. 62 · Tel. 09183 / 202

Telegramme: ‹ORNAMENT› Burgthann

Deutsche Bank A.G. Nürnberg 278 275
(BLZ 760 700 12)

Kreissparkasse Nürnberg 18 846
(BLZ 760 502 10)

Raiffeisenbank Oberferrieden 2810
(BLZ 760 695 64)

Postscheck Kto. Nürnberg 731 50 - 851

Ihre Zeichen	Ihr Schreiben vom 09.05.85	Mein Zeichen gu	Datum 14.05.1985

Betr.: Typ-Muster Modeschmuck

Sehr geehrter Herr Brockmann,

wir danken für Ihre Anfrage vom 09.05.1985 und senden Ihnen in der Anlage
eine kleine Auswahl an Straß- und Modeschmuck. Da wir vorzugsweise Hersteller von Trachtenschmuck und Trachtenaccessoires (Taschen und Gürtel) sind,
haben wir an modischem Straß-Schmuck keine allzugroße Auswahl zu bieten.

Es würde uns jedoch freuen, wenn Ihnen die angeboten Artikel zusagen würden
und Sie sich für ein Esemble aus unserer Fertigung entscheiden könnten.

Bitte entnehmen Sie unsere Preise der beiliegenden Auswahlrechnung. Auf
diese darauf genannten Listenpreise sind wir bereit Ihnen in diesem Aus-
nahmefall einen Rabatt von 25 % einzuräumen, hinzu kommt dann die Mehrwertsteuer von 14 %.

Zu beachten wäre noch, daß wir bei unserem momentanen Auftragsstand eine
Lieferzeit von ca. 6 - 8 Wochen nicht umgehen können.

Mit freundlichem Gruß
"ORNAMENT" GmbH

Geschäftsführer: Emil C. Beck und Konrad Beck · Sitz der Gesellschaft: Burgthann · Handelsregister: H R - B 151 Amtsgericht Nürnberg.

Das fünfte Schmuckpaket ist eingetrudelt.

Vorsichtig verfrachtest du das Postgut auf den Tisch. Ein Griff zur Klinge, und mit der Sorgfalt eines Chirurgen schneidest du den Klebestreifen durch. Trennst die Verpackung vom Kartonkörper. Das überflüssige Füllmaterial aus Styropor wird rausgenommen und landet im Abfalleimer. Behutsam legst du die Innereien frei. Schlägst das Seidenpapier beiseite.

Da isses! Einfach bombastisch! Selbst bei dir rührt soviel Mode-Klimbim an der Seele: Stecker, Ohrringe, Clipse, Armreifen, Armbänder, Ringe, Colliers und exquisite Schuppengürtel. Eine Wonne fürs Auge. Hast du doch gestern erst zwei Exklusiv-Kollektionen erhalten. Eine mit 18 Karat hartvergoldet, die andere 10fach im Feingoldbad plattiert. Dein Herz schlägt im Walzertakt.

Schade, daß nicht Weihnachten ist. Endlich hättest du einen alternativen Baumschmuck.

Die Ecke für den Statistiker

versendete Briefe	gelieferte Waren	Verkaufswert
37	15 schmuckvolle Pakete	DM 2100,—

2.7 Seidenkrawatten: Gordischer Knoten mit modischen Streifen

Bei derartig vielen Sonnenbrillen, die sie dir geschickt haben, kannst du unmöglich an deinen zwei Standardkrawatten festhalten. Die fertig gebundene mit dem Gummiband gar nicht mitgerechnet. Wie sieht denn das aus! Also ein bißchen mehr Abwechslung wäre schon angebracht.

Wer mit Klamotten Eindruck schinden will, darf halt beim Binder nicht aufhören.

Und überhaupt. Zu den neuen Oberhemden würden deine labberigen Stoffstreifen wirklich nicht mehr passen.

Fazit: Krawatten müssen ran. Das beste, was die Hersteller aus ihren industriellen Wundertüten zaubern können. Irgendwas Halbseidenes zum Vorzeigen und Protzen.

Die kreative Stratgie

Diplomingenieur Thomas Brockmann 2000 Hamburg
& Partner
0 40

PHOENIX Krawatten-Fabrik
Theodor Friedmann's Nachfolger
— Verkaufsleitung —
Postfach 8

A-1014 Wien

Sehr geehrte Damen und Herren,

als freiberuflicher Werbeberater bin ich mit der Entwicklung einer Promotion-
Aktion für ein namhaftes norddeutsches Verlagshaus beschäftigt. Aufgabenstellung ist, über ein Corporate-Incentive eine Verbesserung der Internal
Relations zu erzielen. Dabei sollen neben hochwertigen Halstüchern ca.
2.000 Seidenkrawatten an Mitarbeiter, Außendienst und Klientel ausgelobt
werden.

Ende April soll entschieden werden, welches Unternehmen mit der Produktion
beauftragt wird. Daher möchten wir Sie um zwei Typ-Muster Ihrer Seidenkrawatten (Mindestanteil 60 - 80 % Seide) in den Farben Bordeaux-Rot (uni)
sowie Dunkelblau (uni) bitten.

Bei einer späteren Auftragserteilung soll das Incentive mit dem Hausemblem
dessiniert werden. — Darüber hinaus benötigen wir für eine erste Kalkulation
ein spezifiziertes Angebot folgender Abnahmemengen: 1.500, 2.000 und 2.500
Seidenkrawatten.

Bitte nennen Sie uns für weitere Fragen den Ansprechpartner in Ihrem Hause.
Momentan befinden wir uns jedoch im Stadium der Projekt-Vorbereitung, so
daß wir zunächst die Präsentation von der Verlagsleitung abwarten möchten,
bevor wir direkten Kontakt zu Ihnen aufnehmen.

Da es zur Zeit darum geht, unserem Kunden anhand der Muster die Möglichkeit zu geben, sich von Qualität und Verarbeitung ein persönliches Urteil zu
bilden, wären wir Ihnen für eine baldige Bearbeitung unseres Schreibens dankbar.

Mit freundlichen Grüßen

Phoenix

KRAWATTEN - FABRIK

Theodor Friedmann's Nachfolger — Gegründet 1850

Telefon 0222 / 52 88 56, 52 77 54
Telegramm: Neuwest WIEN

WIEN, 20.3.85
1, Graben 16

Sg
Diplomingenieur
Thomas Brockmann
~~D-2 Hamburg~~

(auf Seidenpapier!)

Sehr geehrte Herren!

Wir danken für Ihre Anfragen nach Seidenkrawatten in Sonder-
anfertigung und teilen Ihnen mit daß wir nur hochwertige Rein-
seidenkrawatten erzeugen (Kein Mischgewebe) und legen Ihnen wie
gewünscht 2 Krawatten bei welche wir für einen deutschen Kunden
im vergangenen Jahr gefertigt haben.
Das Dessin kann nach Vorliegen Ihrer Zeichnung nach Ihren Wünschen
gestaltet werden. Dessinkosten verrechnen wir bei der gewünschten
Menge keine. Die Krawatte kostet 135-138 lang mit Durchzugsband
sowie verzollt und frei Haus DM 19.45 exclusive Einfuhrumsatz-
steuer.
Der Preis ist bei den genannten Mengen der Gleiche und wir gewähren bei der Kondition "Sofortkassa" 5% Skonto.
Die Lieferzeit beträgtcirca 2-3 Monate nach Vorligene der Anwebe-
muster.

Mit bestem Dank für Ihre Anfrage

T.Friedmann's Nfg

PS: Haben wir nun die Krawatten ohne diesen Brief gesandt - wir
bitten bei Interesse um mitteilung.Danke,.

Österr. Länderbank A. G. Wien
Konto-Nr. 3-800-060

Postsparkassenamt WIEN, 13.644
Postscheckamt MÜNCHEN, 1207 22

Briefanschrift:
A-1014 Wien, Postfach 8

Manchmal fragst du dich, warum die Unternehmen wie irre auf dein fachliches Gesülze abfahren. Aber geschäftliche Korrespondenz wird eben anders behandelt als der private Brief von Tante Trudchen aus dem Schwarzwald.

So ein Kaufmann hat täglich zig Anfragen zu bewältigen. Muß sich häufig durch Berge an Post wühlen, bevor er mit seiner eigentlichen Arbeit beginnt. Schnell wird ein prüfendes Auge auf das Schreiben geworfen. Bei geschäftlichem Interesse entsprechendes veranlaßt und an den Vertrieb delegiert.

In einigen Großunternehmen haben sogar Sekretärinnen und Assis Vollmacht bis 500 Mark. Da landet dein Brief gar nicht erst beim Chef. Aber egal wer zuständig, Oberflächlichkeit ist angesagt. Für Kritik und Nachforschungen bleibt keine Zeit.

Außerdem haben wir uns alle schon an nichtssagende Formulierungen gewöhnt. Werden täglich in der Tagesschau mit inhaltsleeren Halbheiten der Politiker traktiert. Wenn sich z. B. Kohl, Strauß und Genscher zum geheimen Einzelkampf treffen und verbal die Birne einschlagen, hört sich das im öffentlichen Interview ganz anders an: ... freundschaftliche Auseinandersetzung ... fruchtbare Diskussion ... Standpunkte ausgetauscht ... — kurz: professionelle Heißluft-Akrobatik.

Kein Wunder also, wenn deine klangvollen Briefe nicht hinterfragt werden und die Mustersendungen abgehen wie ein Diskus.

Mit den Krawatten lief das ja echt flott. Nur allererste Ware aus 100 Prozent feinster Seide. Aber eine Frechheit erlaubte sich die Phoenix-Krawatten-Fabrik in Wien. Schickten sie dir, dem Hamburger, zwei Muster mit dem Vereinsemblem vom FC Bayern München! Also wenn das nicht dreist ist. Von österreichischer Höflichkeit keine spur. Gell?

Die Ecke für den Statistiker

versendete Briefe	gelieferte Waren	Verkaufswert
12	14 Binder	DM 900.—

2.8 Parfum 1:
Ein Duft ungebundener Romanik

Du willst dir einen anständigen Haarschnitt verpassen lassen. Sitzt beim Friseur, blätterst in den Illustrierten.

Auf jeder dritten Seite fällst du über eine Kosmetik-Anzeige. Eine Frau von Welt strahlt dich an, mit makelloser Schönheit. Kein Pickel oder Fältchen. Durchgestylt bis in die letzte Pore.

Duftwasser werden angepriesen, die jeden Mann antörnen. Ein paar Tropfen reichen aus. Schon ist die Frau unwiderstehlich — die Männerwelt liegt ihr zu Füßen. Erotik, Sinnlichkeit und Luxus, nur durch das eine Parfum.

Es schmeißt dich auf die Bretter. Siehst du, was diese fipsigen Fläschchen kosten? Für ein paar Milliliter »Riechwasser« knöpfen sie einem glatt 100 Mark ab.

Verständlich, wenn viele Mädchen bei kostenlosen Duftproben in regelrechte Sammelwut geraten. Und für dich ist es der Start-schuß, mal die Kosmetik-Branche anzuquatschen und ordentlich aufs Kreuz zu legen.

COSMETIQUE SANS SOUCIS GMBH
PGM Parfum
Postfach 9 36

7570 Baden-Baden

Sehr geehrte Damen und Herren,

als kreatives und modebewußtes Team planen wir an zwei Orten (Hamburg und Lübeck) in exponierter Lage eine exklusive Boutique zu eröffnen. Dabei ist „POUR DAME" eine Kombination aus Boutique und Parfümerie. Im Sinne unserer Konzeption beschränken wir uns bewußt auf ca. 7 hochpreisige Marken Parfums, EdC und EdT im Top-Genre.

Für unsere Entscheidungsfindung möchten wir Anfang März einen Pre-Test durchführen und Sie bitten, uns dafür einige Muster des oben klassifizierten Sortiments zur Verfügung zu stellen.

Für eine baldige Antwort wären wir Ihnen aus Termingründen dankbar. Bitte nennen Sie uns für weitere Fragen den Ansprechpartner in Ihrem Hause.

Mit freundlichen Grüßen

RENATO BALESTRA
PARFUMS

COSMETIQUE SANS SOUCIS GMBH POSTFACH 936 7570 BADEN-BADEN

**Herrn
Thomas Brockmann**
▬▬▬▬▬▬▬▬

2ooo Hamburg ▬▬

IHR ZEICHEN	IHRE NACHRICHT	UNSER ZEICHEN	7570 BADEN-BADEN
		VI–M	TAG 12.2.85
		1o3	

Sehr geehrter Herr Brockmann!

der italienische Couturier RENATO BALESTRA zählt zu den bedeutendsten Namen
der italienischen Mode und hat längst einen internationalen Bekanntheitsgrad
erlangt.

Die extravagante Eleganz, die seine Mode prägt, ist auch charakteristisch für
die Duftcreationen von RENATO BALESTRA.

Für die Bundesrepublik Deutschland hat das Haus COSMETIQUE SANS SOUCIS den Vertrieb der Duftlinien

      PARFUMS BALESTRA und BALESTRA POUR HOMME

übernommen. Dabei ist es das erklärte Ziel, diese Produkte nur in hervorragenden
Fachhandels-Geschäften anzubieten.

Die beigefügte Preisliste stellt Ihnen das BALESTRA-Programm im einzelnen vor.
Alle Artikel unterliegen der Vertriebsbindung und werden ausschließlich über au-
torisierte Deptos mit Depotvertrag verkauft.

Neben Naturalrabatt (12/1) erhalten Sie eine Valutierung des Erstauftrages
(DM 1.2oo,— EK) sowie einen Jahresbonus (bis zu 8%).

Eine ausreichende Palette von VKF-Mitteln unterstützt Ihren Abverkauf.

Die beigefügten Informationsschriften empfehlen wir Ihrer Aufmerksamkeit. Bitte
testen Sie auch die Originalprodukte, die wir Ihnen mit separater Post übersenden.

Wir würden uns freuen, wenn Sie sich zur Aufnahme des BALESTRA-Depots entschließen.
Unser geschulter Außendienst steht Ihnen bei weiteren Fragen jederzeit zur Verfügung.

Mit freundlichen Grüßen
VERTRIEB RENATO BALESTRA
▬▬▬▬▬▬▬▬▬▬▬

IM ROSENGARTEN · DRAHTWORT: COSASI BADEN-BADEN · POSTFACH 936 · AMTSGERICHT BADEN-BADEN · 5 HRB 243 · GESCHÄFTSFÜHRUNG: MARIA STEINMANN
TELEX: COBAD 0781248 · RUF 688-1 · POSTSCHECK KARLSRUHE 62133-759 · VOLKSBANK B.-BADEN 323900 · STADTSPARKASSE B.-BADEN 0-35774 · SPAR- U. KREDITBANK BÜHL 4011600

Als würden dir kartonweise Liebesbriefe zugestellt, so riechen die Pakete. Keine Frage, bereits ungeöffnet kennst du den Inhalt. Trotzdem einmal kurz das »Testmaterial« checken. Okay, die Menge ist zufriedenstellend. Ab damit in den Keller.

Hier mieft es mittlerweile wie im Frisiersalon. Du entschließt dich, die Kartons umzuschichten. Damit bloß nicht die Süßigkeiten diesen Gestank annehmen. Milka-Schokolade vermischt mit dem »Duft des ungezähmten Mannes« könntest du nun wirklich niemandem mehr anbieten.

Wahrlich keine schlechte Ausbeute: Vom Rasierwasser, Herrenparfum und Eau de Toilette bis zur vollständigen Pflegeserie der Frau ab dreißig ist alles vertreten. Nett auch, daß dich einige gleich mit Seife bestückt haben.

Aber eine Sache foppt dich. Einige große Parfum-Häuser haben dir einen Korb gegeben. Kurz mitgeteilt, daß sie kein Interesse haben.

Ziemlich arrogant, wie du findest.

Sind denn zwei exklusive Boutiquen in exponierter Lage nicht attraktiv? Erst recht, wenn du dich auf sieben Marken beschränkst?

Andere Top-Hersteller wollten die Parfumerie erst fertig eingerichtet sehen, bevor sie über die Lieferung ihrer Marken entscheiden. Und bei einer Firma solltest du sogar vorweg eine Jahresbestellung aufgeben.

So überheblich war noch keine Branche! Die Absagen wurmen dich, treffen deine Eitelkeit. Aber das letzte Wort ist noch nicht gesprochen. Du nimmst die Herausforderung an, forderst Genugtuung. Das Duell beginnt — en garde!

Die Ecke für den Statistiker

versendete Briefe	gelieferte Waren	Verkaufswert
50	52 Riechfläschchen	DM 800,—

2.9 Parfum 2:
Es war schon immer etwas teurer, einen besonderen Geschmack zu haben

Dein Kampfgeist ist geweckt. Du betrachtest das Problem von allen Seiten. Knobelst, willst die Parfum-Nuß knacken.

Als erstes beschaffst du Informationen über den Kosmetikmarkt. Steigst voll ein in diese Branche. Stiefelst durch Parfumerien, besorgst dir stapelweise Fachzeitschriften.

Was die meisten Frauen längst wissen, erfährst du erst jetzt: Einige, als besonders edel geltende Duftwasser sind nur in sogenannten Depots zu kriegen. Das sind ausgewählte Geschäfte, die für ein bestimmtes Gebiet (z. B. Stadtteil) das ausschließliche Verkaufsrecht einer Marke besitzen. Nach dem Motto »Besonderes ist nicht überall erhältlich« versuchen die Hersteller ein Verramschen ihrer Produkte zu verhindern. Eine wichtige Information, stellst du fest. Ein neues Geschäft als Anreißer (z. B. Palast der schönsten Düfte) fällt damit flach.

Wie ein Mathematiker sitzt du am Reißbrett. Suchst nach der richtigen Situation, um den Kosmetik-Freaks an den Lack zu schrammen.

Plötzlich hast du die Lösung: Kitzel ihre Eitelkeit. Häng die Wurst noch höher. Du forderst nichts von ihnen, sondern bietest etwas an.

Sie **dürfen** teilnehmen.

Denn der Spieß wird jetzt umgedreht.

Thomas Brockmann   xxxxxxstraße xx
Diplomingenieur   2000 Hamburg xx

NOVICOS COSMETIC GMBH
— Presseabteilung —
Postfach 52 03 65

5000 Köln 51

„Le beau flacon"

Sehr geehrte Damen und Herren,

als namhafter internationaler Verlag wollen wir eine neue Frauenzeitschrift
auf dem Markt etablieren. Das Objekt ist für den Herbst dieses Jahres geplant
und soll zur Zeit noch vertraulich behandelt werden.

Im Ressort Mode integriert, wird sich die Rubrik „Le beau flacon"
(Arbeitstitel) mit Parfum-Design beschäftigen. Außerdem ist es eine Intention
des Verlages, jährlich eine Prämierung vorzunehmen, bei der die Synthese
aus Duft-Charakter und Flacon-Design ausgelobt wird.

Aus diesem Anlaß möchten wir Sie um Produktinformationen, 1 repro-
fähiges S/W-Foto sowie ein Muster bitten. In jedem Fall kann pro Hersteller
nur 1 Parfum eingereicht werden.

Bitte nehmen Sie sich noch 3 Minuten Zeit und füllen den beiliegenden Fragebogen aus. Er ist nicht als überflüssige „Beschäftigungstherapie" gedacht,
sondern dient als Entscheidungshilfe für die Redaktion und Jury.

Wir wären Ihnen dankbar, wenn Sie die Unterlagen bis zum 21. Juni schicken
könnten.

Mit freundlichen Grüßen

Anlage
Fragebogen

Charles of the Ritz COSMETICS

Parfums **YVES SAINT LAURENT** Beauté

Parfums **Gianni Versace**

Herrn
Thomas Brockmann
▓▓▓▓▓▓▓▓▓▓▓▓▓▓

2000 Hamburg ▓▓▓

3.6.85
o/gau

LE BEAU FLACON

Sehr geehrter Herr Brockmann,

wir danken Ihnen für den Fragebogen, den wir
anbei ausgefüllt zurückschicken.

Wie Sie wahrscheinlich wissen, vertreiben wir
zwei Parfum-Weltmarken - YVES SAINT LAURENT
(mit mehreren Düften) und GIANNI VERSACE.

Wir schicken Ihnen deshalb Informationen sowie
Schwarz/Weiß-Fotos von YVES SAINT LAURENT OPIUM
und GIANNI VERSACE Parfum. Je ein Muster der
beiden Düfte geht Ihnen mit separater Post zu.

Für eventuelle Rückfragen stehen wir Ihnen gerne
zur Verfügung.

Mit freundlichen Grüßen
NOVICOS COSMETIC GMBH

Director Public Relations

Anlagen

NOVICOS COSMETIC GMBH
Bernhard-Feichenfeld-Straße 11 · Postfach 52 03 65
5000 Köln 51 · Telefon 02 21/36 78-0
Telex 8 883 366 novi d · Telefax 02 21/36 50 01

Eingetragen beim Amtsgericht Köln, HRB 3770
Geschäftsführer: Kenneth C. Green,
Derek J. Mortelman · Bankverbindung: Dresdner
Bank AG, Köln (BLZ 370 800 40) Konto 9841 891
Postgirokonto: Köln (BLZ 370 100 50) 703 60-508

FRAGEBOGEN „Le beau flacon"

Marke

YVES SAINT LAURENT OPIUM

Vertrieb/Deutschl.

Novicos Cosmetic GmbH, Bernhard-Feilchenfeld-
straße 11, 5000 Köln 51

Hersteller

Parfums Yves Saint Laurent, Paris

Flacon-Styling:

Eigenentwicklung

Pierre Dinand, Paris/Yves Saint Laurent

. . . .

Designstudio   -

Originaldesign   Datum

Relaunch   Launch   Datum   1977

Material   Glas und Plastik

Sinnbild für: Der "Inro", das traditionelle asiatische
                  Holzgefäß für Opium, inspirierte Yves Saint
                  Laurent zu der Création des Flacons für
                  seinen   einzigartigen Duft.

Besonderheiten   Auszeichnungen: 1978 Oscar de l'Emballage
Anforderungsprofil   für Opium

                  1981 Grand Prix de la Publicité
                  für die beste Opium-Anzeige in "Elle"

                  1981 Goldmedaille für das beste
                  französische Produkt auf der
                  Leipziger Messe

— Objektleitung —   Thomas Brockmann

Na also, es geht doch!

Noch vor ein paar Wochen haben dir dieselben Firmen eine knallharte Abfuhr erteilt. Dich mit einem Hauch von Arroganz abblitzen lassen.

Und nun perfekte Höflichkeit: »Wir würden uns freuen, wenn Sie die Möglichkeit einer Veröffentlichung hätten...« — »Vielen Dank für die Einladung, bei LE BEAU FLACON mitzumachen...« — »Wir nehmen höflich Bezug auf Ihr Angebot...«

Ja, so eine Zeitschrift ist natürlich ein toller Werbeträger. Welcher Hersteller will sich diese Chance schon durch die Lappen gehen lassen. Womöglich kritisch hinterfragen? Und bei einem Fragebogen werden die meisten Deutschen offenbar gefügig.

Richtig artig und wohlerzogen haben sie dein kopiertes Formblatt ausgefüllt. Als ob es Schulnoten dafür geben würde. Auf die Flaschengestaltung ihrer Parfums scheinen sich die Firmen ja echt was einzubilden.

Es haut dich glatt aus den Socken, wenn du liest, woran man bei den Fläschchen denken soll:

Die Freiheit der Frau, sich selbst zu finden (K de Krizia) —

eine stehende Frau, um deren Körper sich fließende Stoffe drapieren. Ein Spiel geschwungener Formen, die ständig in Bewegung zu sein scheinen (Diva) —

heftiges Herzklopfen (Chamade) —

die junge, kühne und unternehmenslustige Frau (Choc de Cardin) —

Zeichen von Weiblichkeit, Sinnlichkeit und Schönheit (Boule Noire Arpege)...

Jedenfalls haben sich die Parfum-Macher voll in den Knick schubsen lassen: Fleurance, Lagerfeld, Lumière, Haschisch, Opium, Chanel No. 5... als Original-Abfüllungen versteht sich.

Die Ecke für den Statistiker

versendete Briefe	gelieferte Waren	Verkaufswert
30	25 exklusive Wässerchen	DM 1500,—

Tafel IV: Wie man etwas umsonst bekommt. Sechs gängige Methoden.

Lästig : Schnorren

Peinlich : Betteln

Riskant : Stehlen

Unbeliebt : Anbaggern

Verboten : Betrügen

Anstrengend : Anpumpen

III FREIZEIT/UNTERHALTUNG

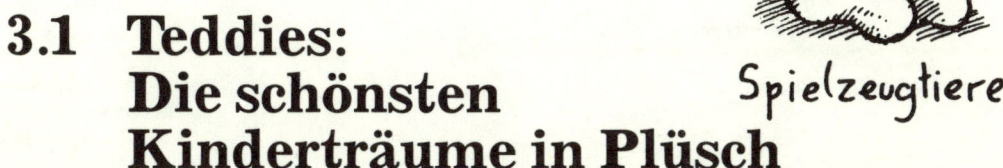

3.1 Teddies: Die schönsten Kinderträume in Plüsch

Spielzeugtiere

Zufrieden lehnst du dich im Sessel zurück. Steckst einen Glimmstengel an. Bläst Rauchringe an die Decke.

Also, Thomas, dein Muster-Haushalt ist jetzt ausgestattet. Für Damenbesuche bist du eingerichtet, und die Klamotten sind auf Vordermann. Sogar ein spontanes Sektgelage könntest du veranstalten.

Doch was hättest du zu bieten, wenn eine Horde Kinder zu dir käme? Mit Süßigkeiten ließen sie sich zwar eine Zeitlang beschäftigen. Aber dann?

Mühsam kramst du in deiner Vergangenheit. Erinnerst dich schwach an Pú, deinen heißgeliebten Koalabären, total abgegriffen und zerknautscht. Logo, flauschige Teddies müssen her, zum Knuddeln und Kuscheln.

Die Branchen-Bibel kommt heute nicht zum Einsatz. Hast dir stattdessen den Katalog der Nürnberger Spielwarenmesse besorgt. Unter dem Stichwort Plüschtiere schlägst du nach — und siehe da: Hersteller-Adressen aus Deutschland, Österreich, Holland und der Schweiz grinsen dir entgegen. Ja, so ein flottes Exportgeschäft steigert noch den Anreiz.

Jetzt wird die Muster-Jagd international betrieben. Auf geht's, Halali.

Die kreative Stratgie

Diplomingenieur Thomas Brockmann & Partner 2000 Hamburg 0 40

General Mills, Inc.
Deutsche Zweigniederlassung
— Vertrieb —
Postfach 30 01 40

6054 Rodgau 3

Bemusterung Plüsch/Felltier-Bär

Sehr geehrte Damen und Herren,

als freiberuflicher Promoter bin ich momentan mit den Vorbereitungen einer bundesweiten VKF-Aktion für einen namhaften deutschen Süßwarenhersteller beschäftigt. Da es sich um eine Süßigkeit handelt, die mit Bären in Verbindung steht, sollen über eine Preisverlosung insgesamt ca. 2.500 Spielzeug-Bären ausgelobt werden. Die Promotion ist für Herbst 1985 geplant und wird voraussichtlich neben Display-Crownern auch durch Printmedien unterstützt.

Ende März/Anfang April soll entschieden werden, welches Unternehmen mit der Produktion beauftragt wird. Daher möchten wir Sie um eine Bemusterung eines Plüsch/Felltier-Bären in der Größe zwischen 25 und 50 cm bitten. Darüber hinaus wird eine erste Kalkulation benötigt, die sich auf folgende Abnahmemengen bezieht: 2.000, 2.500 und 3.000 Exemplare.

Um dem Kundenwunsch nicht vorzugreifen, wird folgende Vorgehensweise erbeten. Erst nach der Entscheidungsfindung werden wir mit Ihrem Haus oder dem Gebietsrepräsentanten direkten Kontakt aufnehmen.

In der Hoffnung, daß Sie mit diesem Ablauf einverstanden sind, verbleiben wir

mit freundlichen Grüßen

General Mills, Inc.
Deutsche Zweigniederlassung

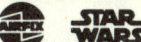

General Mills, Inc. · Postfach 30 01 40 · 6054 Rodgau 3

Firma
Brockmann & Partner
██████████████████

2000 Hamburg - ██

Klöcknerstraße 1
6054 Rodgau 3 (Nieder-Roden)
Postfach 30 01 40
Tel.: (0 61 06) 78 55
Telex: 4 17 806 genmi
Fax: (0 61 06) 7 37 62
Bankverbindung:
Deutsche Bank Darmstadt
Konto-Nr.: 0 102 095
BLZ 508 700 05

Ihre Zeichen, Ihre Nachricht vom	Unsere Zeichen, unsere Nachricht vom	6054 Rodgau 3
	STUE/is	07.03.1985

Angebot

Für Ihre Anfrage vom   25.02.1985
danken wir bestens und gestatten uns, Ihnen unser Angebot zu den umstehenden Verkaufs-
und Lieferungsbedingungen zu unterbreiten.

ARTIKEL: Nr. 6103 Freundschaftsbärchi, 15 cm   DM 25.-- per Stück
               Nr. 6116 Hurra-Bärchi, 33cm   DM 41,50 per Stück

PREISE: ./. 26% Rabatt, zzgl. Mwst.

VERPACKUNG: Frei, unberechnet
LIEFERZEIT: Gemäss Vereinbarung bei Auftragsentgegennahme

ZAHLUNG: Innerhalb 10 Tagen ab Rechnungsdatum 3% Skonto
               Innerhalb 30 Tagen ab Rechnungsdatum rein netto Kasse

MUSTER: Gingen Ihnen bereits zu

SONSTIGES: O.e. Konditionen verstehen sich bei Abnahme der angefragten
               Menge von 2.500 Stück je Artikel.

Alle vorherigen Angebote verlieren hiermit Ihre Gültigkeit.
Wir würden uns freuen, Ihren geschätzten Auftrag zu erhalten und sichern Ihnen schon heute
prompte Erledigung zu.

Mit freundlichen Grüßen
GENERAL MILLS INC.,
Deutsche Zweigniederlassung

██████████
Verkaufsleiter-Innendienst

General Mills, Inc. Aktiengesellschaft nach dem Recht des Staates Delaware USA · Sitz der Gesellschaft: Wilmington/Delaware · Vorstandsvorsitzender: Brewster Atwater

Ganz harmlos fing es an.

Manche Hersteller schickten dir Kataloge. Baten dich, die Muster auszusuchen. Wunschgemäß hast du geantwortet. Ein paar Vorschläge unterbreitet.

14 Tage später: Samstag — Erntetag.

Während der ganzen Woche hast du die roten Benachrichtigungskarten der Bundespost gestapelt. Schließlich war keiner zu Hause, um die Waren anzunehmen. Aber heute ist Bescherung. Du nagelst mit deiner roten Ente quer durch Hamburg. Sammelst deine Pakete ein, die scheinbar überall deponiert sind.

Erst zum Postamt nach Altona, dann wegen der kleineren Päckchen zur Post nach Eppendorf. Anschließend in den Freihafen gurken. Irgend so ein Heini hat dir seine Teddies mit einer Spedition geschickt. Endlich, die letzte Station: Hauptbahnhof, Expreßgut-Abfertigung.

Dein französischer »Sportwagen« ist randvoll mit Paketen. Völlig entnervt zuckelst du nach Hause. An jeder roten Ampel schenkt dir ein Nebenmann sein mitleidiges Lächeln. Wenn der wüßte...! Fünfmal mußt du laufen, bis die Ladung im Wohnzimmer verstaut ist.

Schnell noch vor Ladenschluß ins Tabakgeschäft. Die Wochenendration Fluppen einkaufen. »Schön, daß Sie kommen, Herr Brockmann. Gestern hat der United-Parcel-Service drei Pakete für Sie abgegeben.« Freundliches Grinsen. Du bedankst dich und stiefelst wieder in die Wohnung.

Fünf Minuten später klingelt es an der Haustür. Die Nachbarin steht auf der Matte — mit zwei Kartons, zugestellt vom Deutschen Paketdienst. Normal ist das nicht! Einer der wenigen Momente, in denen du die Aktion verfluchst. Schließlich wird es Wochen dauern, bis du die Massen Verpackungsmaterial zerkleinert und unter den Hausmüll gemogelt hast.

Die Idee mit der bärenähnlichen Süßigkeit war gut. Wetten, daß die Jungs an den Goldbären von Haribo oder den Hustinetten-Bär gedacht haben.

Nur eins ist neu. Schickt dir doch glatt die Firma General Mills gleichzeitig eine Rechnung. Natürlich willst du nicht bezahlen. Könntest ja zur Not die zwei Teddies postwendend zurücksenden. Nein, es geht dir ums Prinzip: Kostenlose Muster!

Bangemachen gilt nicht. Angriff lautet die Devise. Wäre doch gelacht, wenn du sie nicht zum Rückzug bewegen kannst. Sauber, das Spiel bekommt neue Schärfe.

Die kreative Stratgie

Diplomingenieur   Thomas Brockmann   2000 Hamburg

& Partner   0 40

General Mills, Inc.
Deutsche Zweigniederlassung
Postfach 30 01 40

6054 Rodgau 3

Sehr geehrte Damen und Herren,

vielen Dank für die zügige Bearbeitung unseres Briefes. Wie in unserem Schreiben
vom 25. 2. 1985 bereits ausführlich erläutert, benötigen wir für eine geplante
VKF-Aktion eines nnamhaften Süßwarenherstellers eine Bemusterung eines
geeigneten Spielzeug-Bären. Insgesamt sollen im Herbst 1985 über eine Promotion-
Aktion ca. 2.500 Plüschtiere ausgelobt werden.

Neben den zweifellos ansprechenden Musterbären haben wir zu unserem Erstaunen
eine Rechnung (Nr. 58 258) erhalten. Gelinde gesagt, irritiert uns diese Vorgehensweise, zumal sie im Vergleich zu anderen Anbietern aus dem Rahmen fällt. Wir
sind der Auffassung, daß bei einem potentiellen Auftragsvolumen dieser Größenordnung eine kostenlose Bemusterung gewährleistet ist. Schließlich handelt es sich
für beide Seiten quasi um eine Investition in die Zukunft.

Aus diesem Grund bitten wir Sie, – unabhängig von einer Verrechnung bei
Auftragserteilung – die Rechnung zu stornieren. Für den Fall, daß sie unsere
Auffassung nicht teilen, behalten wir uns vor, die Artikel zurückzusenden und
unserem Kunden zur Entscheidungsfindung nicht vorzulegen.

Aus Termingründen bitten wir Sie höflich um eine baldige Stellungnahme.

Mit freundlichen Grüßen

General Mills, Inc.
Deutsche Zweigniederlassung

General Mills, Inc. · Postfach 30 01 40 · 6054 Rodgau 3

Firma
Brockmann & Partner

2000 Hamburg-███

Versandadresse:

Kunden-Nr.	99996 002
Rechnungs-Nr.	GUTSCHRIFT
Bitte bei Zahlung unbedingt angeben	

NR 080767/12

Es gelten unsere umseitigen
Lieferungs- und Zahlungsbedingungen

Ihr Auftrag			Versandart, Versand-Bedingungen			Rechnungstag
520100541						07.03.1985
Art.-Nr.	Bezeichnung		Karton	Stück	Einzelpreis	Betrag

Rechnung Nr. 58258 vom 27.02.1985 über DM 71,65

Storno der o.e. Rechnung, da kostenlose Muster

6103	Freundschafts-Bärchi	1	25.--
6116	Hurra-Bärchi, 33cm	1	41.50
			66.50
	./. 10% Rabatt		6.65
			59.85
	+ Porto		3.--
			62,85
	+ 14% Mehrwertsteuer		= 8,80
		DM	71,65

DUPLIKAT

Na siehste! Der Bluff hat geklappt.

Was sollen die Firmen denn schon anderes machen. Die Teddies sind bei dir. Porto und Verpackungskosten bereits ausgegeben. Und wenn die Muster beim Rücktransport beschädigt würden, wären die Plüschtiere nicht mehr zu verwerten. Dann lieber die Zähne zusammenbeißen und höflich eine Gutschrift ausstellen. Man will ja schließlich im Rennen bleiben.

Nur, Thomas, auf eine Verrechnung bei Auftragserteilung darfst du dich nicht einlassen. Sonst flattert die Rechnung in vier Wochen wieder auf deinen Tisch.

Alles gebongt, deine Strategie für weitere Rechnungen steht fest.

Die Ecke für den Statistiker

versendete Briefe	gelieferte Waren	Verkaufswert
54	44 Bären	DM 900,—

Hokuspokus auf der Päckchen-Piste

Wie du Firmen abwimmelst, die eine Rechnung schicken, ist dir mittlerweile klar. Aber dieser Bluff kann nicht alles sein. Irgendwie fehlt dir noch eine pfiffige Alternative.

Samstag, wieder Erntetag. Schmunzelnd wirst du im Postamt begrüßt. Paß auf Thomas, bald bietet man dir das freundschaftliche Du an.

Zwei Angestellte erkennen dich, markieren sofort auf hektische Betriebsamkeit. Ziemlich easy, ihre Gedanken zu lesen: ›Bloß nicht den Brockmann bedienen. Der hortet Zustellkarten. Da läuft man sich im Lager die Hacken ab.‹ —

Nach zehn Minuten sind alle Sendungen beisammen. Nur 15 Päckchen — eine schlappe Woche.

Während deines Balance-Aktes zum Auto macht's plötzlich »Klick« im Kopf. Im Gegensatz zu Paketen mußt du bei Päckchen die Lieferung nicht quittieren. Messerscharf schaltest du: Ohne einen Nachweis der Zustellung kannst du ja frech behaupten, das Päckchen sei verschüttet gegangen.

Wäre glatt einen Test-Ballon wert, die Firmen so zu foppen. Mal gucken, ob du dich auf diese Weise um eine Bezahlung drücken könntest.

Betrifft Ihre Rechnung vom ...

Sehr geehrte Damen und Herren!

Wir hatten Sie wegen einer umfangreichen Aktion angeschrieben und für diesen Anlaß um geeignete Typ-Muster gebeten. Zu unserem Erstaunen sind diese bislang nicht eingetroffen. In der Annahme, daß es sich nur um eine zeitliche Verzögerung handelte, die aus den unterschiedlichen Postwegen resultiert, haben wir nicht sofort reagiert. In Anbetracht Ihrer Rechnung vermuten wir jedoch, daß hier etwas schief gelaufen ist. Daher bitten wir höflich, die Lieferung mit Ihrem Vertrieb zu prüfen. Durch eine Anfrage beim hiesigen Postamt ließ sich die Angelegenheit leider nicht klären.

Mit freundlichen Grüßen

MERZ + KRELL
SCHREIBGERÄTEFABRIK

Postfach 20 · Telefon (0 61 62) 8 01-0
Bahnhofstraße 76
6101 Groß-Bieberau

Kurznachricht

Von

Congés Payés
Summer-holidays
Vacaciones
22.7.85 - 2.8.85

Betreff:

Firma
Thomas Brockmann

2000 Hamburg

Anbei erhalten Sie		Anlagen
Zur Kenntnisnahme	Bitte Rücksprache	Zu Ihren Akten
Zur Stellungnahme	Als Muster	Wie besprochen
Zur Prüfung	Zur Information	Zur Vormerkung
Zur Erledigung	Mit Dank zurück	Rückgabe erbeten

Sehr geehrter Herr Brockmann,
wir kommen zurück auf Ihr Schreiben
und teilen Ihnen mit, daß sich heute
leider nicht mehr feststellen läßt,

wo die Ware abgeblieben ist. Da die
Sendung per Postpäckchen abgeschickt
wurde, übernimmt die Post auch keine
Kosten. Wir werden die Rechnung
Ihrem Konto gutschreiben lassen.

22.07.85   Merz & Krell

Rabenstark, dein Brief hat gegriffen. Natürlich hast du damit auch die Post angeschwärzt. Dein schlechtes Gewissen meldet sich. Steht neben dir, mit erhobenem Zeigefinger und sagt: »Nein, Thomas, das darfst du nicht!« Die blauen Götterboten mit dem Hörnchen am Käppi mögen dir verzeihen. Sorry, war ja nur ein Test.

3.2 Fußbälle:
Für die schönste
Nebensache der Welt

So schlecht kann es unserer Wirtschaft ja nicht gehen, andernfalls würde man dich nicht kostenlos mit Warenmustern erschlagen. Klar, daß das Zeug meist über den Unternehmergewinn finanziert wird. Das ist ja das Nette an diesem Spiel. Denn die Verkaufspreise können die Firmen nun mal nicht beliebig hochschrauben. Schließlich würde die Masse der Verbraucher abspringen, müßte man plötzlich 200 Mark für Teddybären löhnen.

Dich packt wieder der Ehrgeiz. Willst eine neue Briefform finden. Was Extremes ausprobieren. Die Grenze des Möglichen ertasten. Wissen, wann der Bogen überspannt ist. Irgendwie hechelst du unbewußt nach einer Niederlage. Kannst einfach nicht verknusen, noch mit keinem Schiff gekentert zu sein.

Eine Frage reizt dich. Ist ein Unternehmen auch bereit, einem unbekannten Bittsteller Ware zu schenken? Kein Super-Geschäft, das vor der Tür steht. Nein, ein offizielles Almosen. Das kann nicht klappen.

Du liebst diese scheinbar eindeutigen Formulierungen. Weil sie — wörtlich genommen — nichts Genaues aussagen: Daß du nicht mehr der Jüngste bist, wird keiner bezweifeln. Mit 28 Jahren gibt es halt Millionen Bundesbürger, die jünger sind. Kannst du etwas dafür, daß die Firmen dich für einen Rentner halten? Hast du ja

Thomas Brockmann   xxxxxxstraße xx
Diplomingenieur   2000 Hamburg xx

L. Erhard Söhne GmbH & Co.
Sportgeräte
Postfach 11 63

8803 Rothenburg/Tauber

Unterstützung mit zwei Lederbällen

Hallo Fußballfreunde,

zwar bin ich nicht mehr der Jüngste und auch nie ein Manni Kaltz gewesen.
Aber trotz meines hohen Alters gebe ich noch einen brauchbaren Rechts-
außen ab, dessen Bananen-Flanken gefürchtet sind. Nun will ich Ihnen aber
nicht über meine Sportvergangenheit berichten; obwohl es da eine Menge
spannende Szenen gab. Der Grund meines Briefes ist ein anderer.

Ende Mai wollen wir ein Fußballturnier durchführen. Kein Bundesliga-
oder Länderspiel. Nein, vielmehr planen wir ein sportliches Treffen mit
verschiedenen ehemaligen Betriebsmannschaften im Jahnkampf-Stadion.
Da wollen die „geländegängigen" Altenteiler von 8 Seniorenmannschaften
(aus Nord- und Süddeutschland) zeigen, daß sie nicht nur Tischfußball
spielen können. Die gesamte 3-tägige Veranstaltung wird ausschließlich
durch persönliches Engagement der Beteiligten getragen. So werden alle
Teilnehmer privat untergebracht. Da unsere Mittel äußerst bescheiden sind,
möchte ich höflich erfragen, ob Sie unser Turnier vielleicht mit 2 - 3 Lederbällen unterstützen könnten.

In der Hoffnung, daß Sie unsere Bitte nicht als Unverschämtheit empfinden,
verbleibe ich

mit sportlichem Gruß
und vorzüglicher Hochachtung

<table>
<tr><td>Raum für Stempel</td><td>**L. Erhard Söhne GmbH & Co.**
SPORTGERÄTE
Oberer Kaiserweg 8 · Pf. 1143
D 8803 Rothenburg/Tauber</td><td>Eingangsstempel des Empfängers</td></tr>
</table>

Empfänger

Herrn Thomas Brockmann

██████████████████

2000 Hamburg ██

Lieferschein

Nr.: _____   Ihre Best.-Nr. _____

Ihre Zeichen: _____   Ihre Best. vom: _____

Sie erhalten durch: 'frei Haus'   Verk.wa/d   08.05.85

1 St.	Fußball CORNER Gr.5	
	Spende für Ihr Fußballturnier	
	Ende Mai.	

nicht behauptet. Und daß du ein Fußball-Opa bist, steht außer Frage. Brauchst dir nur Samstag die Sportschau reinzuziehen. Wenn du siehst, wie fit die Profis sind, gestehst du dir schnell den Fußball-Oldi ein.

Tatsächlich hat dir ein Typ ein Lederei geschickt. Welch noble Geste! Aber war es wirklich so selbstlos, ohne Hintergedanken? Die Herstellungskosten sind gering und Schenkungen steuerlich absetzbar. Da ist doch eine Leder-Pille als Geschenk echte Werbung. Wieso? Na vielleicht fühlen sich ja die bolzenden Rentner später zu der Firma hingezogen. Nach dem Motto: Die Firma ist mir sympathisch — da kauf ich jetzt immer ein.

Die Ecke für den Statistiker

versendete Briefe	gelieferte Waren	Verkaufswert
5	1 Ball	DM 80,—

3.3 Bücher: Litera-Trubel für nimmersatte Leseratten

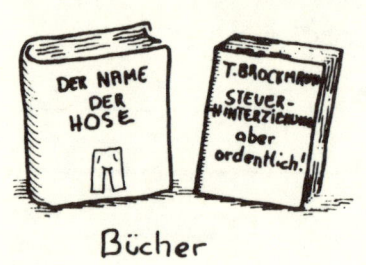

Bücher

Einen Buchverlag vollzuquatschen und tierisch Rezensionsexemplare abzusahnen, ist nun wirklich easy. Schon in der Schule hast du mit Elan auf dieser Tour geritten. Regelmäßig die Verlagsvorschau für Herbst und Frühjahr abgefordert. Mit Rotstift die interessanten Neuerscheinungen angekreuzt und die Bestellung aufgegeben. Logo, daß du nicht den Butt von Grass, sondern Jugendtitel genannt hast. Wolltest die Bücher in eurer Schülerzeitung besprechen und dafür ordentlich die Werbetrommel rühren. Damit dein Anliegen glaubhaft wurde, hast du gleich zwei Exemplare der letzten Ausgabe beigelegt. Natürlich sollte der Aufriß nicht nur einmal klappen. Deshalb hast du mit der Schreibmaschine die Inhaltsangabe vom Buchumschlag abgekupfert und dem Verlag als Redaktionstext geschickt.

Einige Mitschüler bastelten sogar regelrechte Sonderausgaben. Das lief echt locker: Text tippen, verkleinern und in die fertige Schülerzeitung einkleben. Nachher das ganze Heft kopieren und zusammenheften. Schon hat jede Presse-Tante eine überzeugende Rezension. Und hat dich der Verlag erstmal in seiner Journalistenkartei, wirst du zukünftig automatisch mit Büchern bombardiert. Ab und zu schickst du wieder eine gekürzte Besprechung — quasi als Streicheleinheit —, und der Bücherstrom reißt nicht mehr ab. Auf diese Weise bist du schon als Schüler zu einer kleinen Bibliothek gekommen. Fünf Meter Bücherwand zu füllen ist eben keine Hürde.

Nur ein Pennäler ist damals aufgeditscht. Konnte den Hals nicht voll genug kriegen. Sammelbestellungen mit bis zu zehn Titeln hatte er auf einmal geordert. Eigentor! Seitdem blecht er wieder Kohle und muß seine Bettlektüre im Buchhandel kaufen.

Thomas Brockmann
2000 Hamburg
0 40/

Rowohlt Verlag GmbH
– Presseabteilung –
Postfach 13 49

2057 Reinbek

Rezensionsexemplar

Liebe Leute,

zwar ließ sich mein Ziel, als freiberuflicher Journalist auf eigenen Beinen zu
stehen, nicht ganz verwirklichen. – Leider wirft die schreibende Zunft nicht
genug ab, um sich damit auf Dauer über Wasser zu halten. Nichtsdestotrotz
liefere ich regelmäßig Beiträge für Stadtillustrierte und Schleswig-Holsteinische
Tageszeitungen (Flensburger Nachrichten, KN, Landeszeitung etc.). Denn meine
große Leidenschaft gehört nun mal dem Worteschmieden.

Während ich in der Vergangenheit überwiegend Platten besprochen habe, will
ich jetzt auch Buchrezensionen anbieten. Aus diesem Grund möchte ich
folgenden Titel zur Rezension erbitten:

Grießhammer:
Der Öko-Knigge und Chemie im Haushalt.

Sicher führen Sie selbst eine Pressebeobachtung durch oder nutzen den Ausschnittdienst. Dennoch erhalten Sie selbstverständlich jeweils Belegexemplar
oder Kopie einer Veröffentlichung.

Mit freundlichen Grüßen

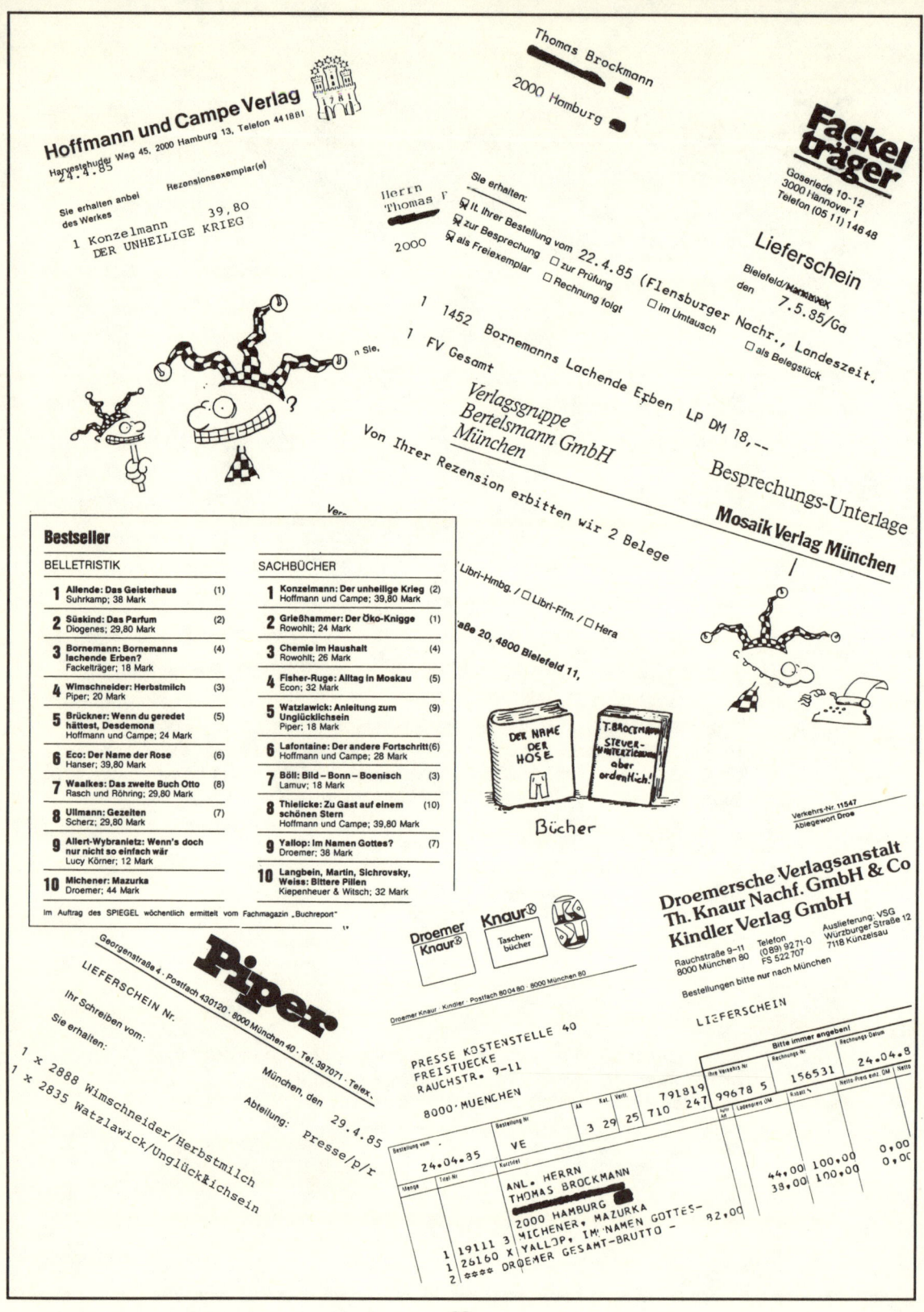

Hoffmann und Campe Verlag
Harvestehuder Weg 45, 2000 Hamburg 13, Telefon 44 1881
24.4.85

Sie erhalten anbei   Rezensionsexemplar(e)
des Werkes

1 Konzelmann   39,80
DER UNHEILIGE KRIEG

Thomas Brockmann
2000 Hamburg

Fackel träger
Goseriede 10-12
3000 Hannover 1
Telefon (05 11) 146 48

Lieferschein
Bielefeld/_____
den   7.5.85/Ga

Herrn Thomas _____   2000

Sie erhalten:
☑ lt. Ihrer Bestellung vom 22.4.85 (Flensburger Nachr., Landeszeit.
☑ zur Besprechung   ☐ zur Prüfung
☐ als Freiexemplar   ☐ Rechnung folgt
☐ im Umtausch
☐ als Belegstück

1   1452 Bornemanns Lachende Erben LP DM 18,--
1   FV Gesamt

Verlagsgruppe Bertelsmann GmbH München

Von Ihrer Rezension erbitten wir 2 Belege

Besprechungs-Unterlage
Mosaik Verlag München

☐ Libri-Hmbg. / ☐ Libri-Ftm. / ☐ Hera

aße 20, 4800 Bielefeld 11,

Bestseller

BELLETRISTIK

1 **Allende: Das Geisterhaus** (1)
   Suhrkamp; 38 Mark

2 **Süskind: Das Parfum** (2)
   Diogenes; 29,80 Mark

3 **Bornemann: Bornemanns lachende Erben?** (4)
   Fackelträger; 18 Mark

4 **Wimschneider: Herbstmilch** (3)
   Piper; 20 Mark

5 **Brückner: Wenn du geredet hättest, Desdemona** (5)
   Hoffmann und Campe; 24 Mark

6 **Eco: Der Name der Rose** (6)
   Hanser; 39,80 Mark

7 **Waalkes: Das zweite Buch Otto** (8)
   Rasch und Röhring; 29,80 Mark

8 **Ullmann: Gezeiten** (7)
   Scherz; 29,80 Mark

9 **Allert-Wybranietz: Wenn's doch nur nicht so einfach wär** (9)
   Lucy Körner; 12 Mark

10 **Michener: Mazurka**
   Droemer; 44 Mark

SACHBÜCHER

1 **Konzelmann: Der unheilige Krieg** (2)
   Hoffmann und Campe; 39,80 Mark

2 **Grießhammer: Der Öko-Knigge** (1)
   Rowohlt; 24 Mark

3 **Chemie im Haushalt** (4)
   Rowohlt; 26 Mark

4 **Fisher-Ruge: Alltag in Moskau** (5)
   Econ; 32 Mark

5 **Watzlawick: Anleitung zum Unglücklichsein** (9)
   Piper; 18 Mark

6 **Lafontaine: Der andere Fortschritt** (6)
   Hoffmann und Campe; 28 Mark

7 **Böll: Bild – Bonn – Boenisch** (3)
   Lamuv; 18 Mark

8 **Thielicke: Zu Gast auf einem schönen Stern** (10)
   Hoffmann und Campe; 39,80 Mark

9 **Yallop: Im Namen Gottes?** (7)
   Droemer; 38 Mark

10 **Langbein, Martin, Sichrovsky, Weiss: Bittere Pillen**
   Kiepenheuer & Witsch; 32 Mark

Im Auftrag des SPIEGEL wöchentlich ermittelt vom Fachmagazin „Buchreport"

DER NAME DER HOSE

T.BROCKMANN STEUER-HINTERZIEHUNG aber ordentlich!

Bücher

Verkehrs-Nr. 11547
Ablegewort Droe

Droemer Knaur   Knaur Taschenbücher

**Droemersche Verlagsanstalt
Th. Knaur Nachf. GmbH & Co
Kindler Verlag GmbH**

Rauchstraße 9–11   Telefon   Auslieferung: VSG
8000 München 80   (089) 9271-0   Würzburger Straße 12
                   FS 522 707   7118 Künzelsau

Bestellungen bitte nur nach München

Georgenstraße 4 · Postfach 430120 · 8000 München 40 · Tel. 397071 · Telex.

Piper

LIEFERSCHEIN Nr.

Ihr Schreiben vom:

Sie erhalten:

München, den   29.4.85

Abteilung: Presse/p/r

1 x 2888 Wimschneider/Herbstmilch
1 x 2835 Watzlawick/Unglücklichsein

Droemer Knaur · Kindler · Postfach 80 04 80 · 8000 München 80

LIEFERSCHEIN

PRESSE KOSTENSTELLE 40
FREISTUECKE
RAUCHSTR. 9-11
8000 MUENCHEN

Bitte immer angeben!
Rechnungs-Datum   24-04-8

Ihre Verkehrs-Nr.   Rechnungs-Nr.
99678 5   156531

791819
3 29 25 710 247

Bestellung vom   VE
24-04-85

ANL. HERRN
THOMAS BROCKMANN
2000 HAMBURG
1 19111 3 MICHENER, MAZURKA   44,00 100,00 0,00
1 26160 X YALLOP, IM NAMEN GOTTES-   38,00 100,00 0,00
2 **** DROEMER GESAMT-BRUTTO -   82,00

82

Lieferschein

Absender

lucy körner verlag
Postfach 1100
7012 Fellbach

Nr.

Datum 23.4.85

Empfänger

Thomas Brockmann

2000 Hamburg

Ort

Ihre Bestellabteilung

Ihre Bestellnummer

Ihre Bestellung vom

Bearbeitungsvermerk

Sie erhalten per

☐ Fracht ☐ Post ☐ Spediteur ☐ frei

☐ Eilgut ☐ Expreß ☐ Schnellpaket ☐ unfrei

Sehr geehrter Thomas Brockmann,

vielen Dank für Ihr Interesse an Titeln aus
unserem Verlag.
Beiliegend das gewünschte Rezensionsexemplar
"WENN`S DOCH NUR SO EINFACH WÄR"

Wir beobachten zwar die Presse (so gut es geht),
sind aber keinem Ausschnittdienst angeschlossen.
Aus diesem Grund bitte unbedingt ein
Belegexemplar schicken.

Ich lege noch eine Neuerscheinung bei. Für Besprechungen in Stadtillustrierten sehr gut
geeignet. "MÄNNERTRAUM(A)"

Grüße aus Fellbach lucy körner verlag

Roland Kübler

Die gelieferte Ware bleibt bis zur vollständigen Bezahlung Eigentum des Lieferanten

83

Im Studium hattest du eine andere heiße Nummer drauf. Nicht allein, daß die wissenschaftlichen Schinken einen täglich neu angeödet haben. Nein, auch die Preise waren ziemlich ätzend. Nun wäre es Schwachsinn hoch drei gewesen, Rezensionsexemplare für Lehrbücher abzufordern. Statt dessen hast du lieber ein paar nette Zeilen an die Fachverlage gerichtet. Auf wißbegierigen, mittellosen Bafög-Empfänger gemimt und nach Fehldrucken gefragt. Mit dieser Anmache ließen sich deine Studienkosten prima senken. Schließlich sind die Druckereien froh, wenn sie den Krempel los werden. Denn im Buchhandel lassen sich Fehldrucke nicht verkaufen. Und dir ist es egal, ob der Umschlag falsch gebunden oder zehn Seiten nicht richtig geheftet sind.

Das Bücher-Schnorren ging gut ab. Du hast nicht irgendwelche flauen Bücher abgerufen, bei denen die Verlage sowieso für jeden Pressetext dankbar sind. Der Maßstab waren die Bestsellerliste im Spiegel und die Stern-Medienliste. Pro Verlag hast du einen Hit-Titel genannt. Zwei Wochen mußtest du warten. Dann hattest du die Bibliothek beisammen. Bölls Bild, Bonn, Boenisch; Das zweite Otto-Buch; Gesundheit aus der Apotheke Gottes; Brösels Werner Eiskalt; Herbstmilch; Wie neugeboren durch Fasten; der Öko-Knigge; Fromms Kunst des Liebens usw.

Allein durch einen Text konntest du deinen Einkaufswagen vom Lucy-Körner-Verlag bis Rowohlt-Konzern schieben.

Und obwohl Hofstadters Gödel/Escher-Bach so tierisch ins Geld geht (48 Mark), hast du die Schwarte im Abstand von drei Wochen zweimal gekriegt. Mit demselben Text. — Jetzt hast du zwei Exemplare. Lesen wirst du sie zwar nicht, aber diese 15 Zentimeter mehr Buchrücken würden sich in deinem Regal gut machen. Ließen ja auf gute Bildung schließen.

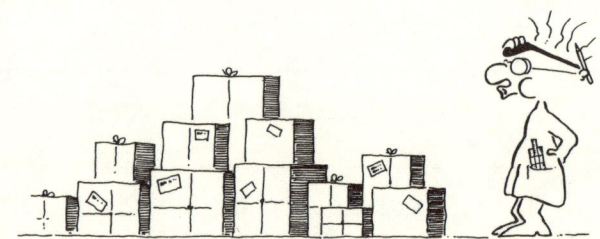

Die Ecke für den Statistiker

versendete Briefe	gelieferte Waren	Verkaufswert
30	54 Bücher	DM 700,—

3.4 Schallplatten: Schmusetöne und fetziger Rock

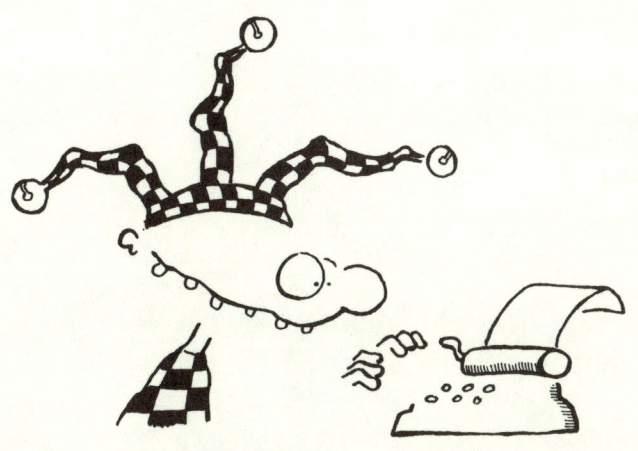

Spitze, wie ein ehemaliger Mitschüler ganz cool Schallplatten bag-
gerte. Ein paar Exemplare seiner Schülerzeitung unter den Arm
geklemmt, tingelte er von einem Plattenladen zum nächsten. Kurz
den Werbeteil im Heft aufgeschlagen und den Spruch abgelassen:
»Hier kann nächstesmal Ihre Anzeige stehen, haben Sie Interesse?«
Der Clou war simpel. Er verlangte kein Geld für die Kleinanzei-
gen, sondern ließ sich in Naturalien auszahlen. Drei LPs freier
Wahl, und schon wurde ein Inserat geschaltet. Kaum einer von uns
hatte damals gerafft, warum so viele Musikläden beworben
wurden.

Plattenverlage sind heiß auf Presse, genauso scharf wie Musik-
gruppen auf Publicity. Wissen sie doch alle, daß die Scheiben über
den Handel zwar verkauft, aber allein über die Medien bekannt
werden. Nun besitzt du weder eine Fernsehanstalt noch einen Pira-
tensender, also markierst du auf fachkundigen Presse-Hai. Bringst
angeblich vom Wald- und Wiesenblatt bis in die Stadt-Gazette deine Artikel unter. An Musikrichtungen nimmst du fast alles; man
ist ja flexibel. Nur auf die Oberkrainer und Egerländer Volksmu-
sik kannst du verzichten. Schuhplattler mußt du echt nicht haben.

Thomas Brockmann 2000 Hamburg 0 40/

EMI ELECTROLA GMBH
— Presseabteilung —
Postfach 45 03 63

5000 Köln 41

Rezensionsexemplar

Liebe Leute,

nach einem längeren Auslandsaufenthalt bin ich wieder eingetrudelt in diesem
unserem Lande. In den Staaten konnte ich reichlich Erfahrungen und News
über die Musik-Szene sammeln. Kaum zurück — quasi „back to the roots" —
bin auch schon wieder am Wirbeln und Texte schmieden. Ja und jetzt schlagen
die Redakteure diverser norddeutscher Tageszeitungen und Stadtillustrierten
die Hände über den Köpfen zusammen: Tommi überrollt uns wieder mit Plattenbesprechungen.

Um neuen Stoff zusammenzutragen und „Butter bei die Fische zu geben",
möchte ich Sie um geeignete Rezensionsexemplare bitten. Interessiert bin ich
ausschließlich an Neuerscheinungen, vorzugsweise Pop, Rock, Funk, Reggae
und Electronic Classic.

Sicher führen Sie selbst eine Pressebeobachtung durch oder nutzen den Ausschnittdienst. Dennoch erhalten Sie selbstverständlich jeweils Belegexemplar
oder Kopie einer Veröffentlichung.

So long

PLATTENBESPRECHUNGEN

SZENE HAMBURG

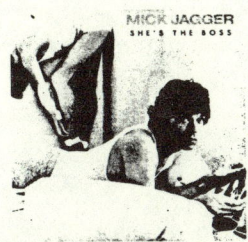

MICK JAGGER
She's The Boss
——— CBS ———

Es ist toll : 22 Jahre Stones, 22 Jahre personifizierte Rock-Geschichte, und er ist immer noch nicht satt ! Mick Jagger hat seine erste Solo-LP gemacht. "Seit 10 Jahren trage ich diese Idee nun schon mit mir 'rum", erklärte er bei Video-Aufnahmen in Rio, "da sagte ich mir, du bist jetzt Anfang 40, mach' es jetzt, sonst machst du's nie." In den Compass Point-Studios auf den Bahamas rückte Jagger dann mit einer Top-Formation an : Robbie Shakespeare und Sly Dunbar, Herbie Hancock, Bill Laswell und Nile Rodgers als Co-Produzenten und statt Keith Richards ("dann klingt es ja doch wieder wie eine Stones-Platte") Gitarrero Jeff Beck. Abgesehen von einem miserablen Reggae und einer seifigen Ballade, machen die Jagger-Kompositionen wahnsinnig viel Spaß. Überraschende Arrangements, witzige Texte (im Titelstück gibt Mick sich z.B. als Pantoffelheld) und eine Stimme, die nach wie vor tierisch anmacht. Absoluter Höhepunkt: "Lucky In Love", eine swingende Rock-Nummer, die Jaggers Gesangsstil ideal auf den Leib geschrieben ist, auf der er fröhlich verkündet, daß er im Spiel wenig Glück habe, in der Liebe dafür aber umso mehr – dort sei er gefährlich ! We love you, Mick !

LANDESZEITUNG (Rendsburg)

Lindis neue LP: Der „Sündenknall"

Wummm! Der „Sündenknall" kracht auf unsere Plattenteller. So heißt die jüngste LP (die 25.!) von Udo Lindenberg („Lindi") . Zwölf Titel sind drauf, einer ist sehr persönlich, heißt: „D-471 81 61". Udos Telefonnummer in Berlin? Neue Postleitzahl? Kontonummer? „Das ist die Nummer von meinem Personalausweis. Der Song erzählt vom Verfassungsschutz." Ein anderer Titel: „Samenbank", es geht um die Frage, ob eine Elite gezüchtet werden soll. „Lover Man" erinnert an Udos frühere Jazz-Jahre. Und bei „Ich brech' die Herzen der stolzesten Frau'n" gesteht Udo: „Die totale Frau hab' ich noch immer nicht gefunden." Eine Vorstellung hätte er ja: „Eine Madonna müßte es sein, nach sizilianischer Art..." Achtung, die Mafia, Udo!

KIELER NACHRICHTEN

Der Plattentip: Lennies Duos

Englands Jugend tanzt zu den Hardbop-Klängen von Art Blakey, die Swing- und Bigband-Music hat Saison, Pop-Top-Hits ertönen in allen europäischen Diskotheken, sogar Jazzgesang. Nahen wieder herrliche (Jazz-)Zeiten? Sicher ist: Nicht nur die Bop-Klänge des Altmeisters Charlie Parker, der vor 30 Jahren starb, sind wieder aktuell, sondern auch der Cool Jazz. So ist es nur folgerichtig, daß auch die Werke des „coolen" Lennie Tristano (1919 – 1978) wieder ausgegraben werden. Der blinde italo-amerikanische Pianist brachte Formstrenge in den Jazz und öffnete ihm mit an den Zwölftönern orientierten Strukturen die Musikhochschulen. 1955 nahm Tristano zusammen mit dem berühmten Altsaxophonisten Lee Konitz Titel wie „All the Things You Are" und „These Foolish Things" auf. Stücke voller meisterlicher, improvisatorischer Zwiesprachen, die die Firma Atlantic in ihrem Album „That's Jazz" jetzt wieder veröffentlicht. Und auch das „Requiem" ist dabei: Lennie Tristanos musikalischer Nachruf auf Charlie Parker (Atlantic 50245 U.)

Eigentlich hast du einen Fehler gemacht, Thomas. Hättest lieber die teuren Compact-Disc-Scheiben bestellen sollen. Egal, jedenfalls ist die Plattensammlung reichlich gewachsen. Von Tina Turner bis zur Klavier-Sonate. Die Masche funktionierte sogar mit unterschiedlichen Texten. Erst hast du quasi den gleichen Brief wie bei den Büchern genommen. Von früheren Buchbesprechungen gelabert und die Hits der Stern-Medienliste geordert. Als diese Ansprache griff, hast du dein Schreiben ohne konkreten Plattenwunsch formuliert. Und zur Aufwertung eine Kopie tatsächlicher Plattenbesprechungen beigelegt. Einfach Rezensionen ausgeschnitten, die Autoren-Kürzel abgedeckt und kopiert. Davon, daß die Veröffentlichungen nicht von dir sind, war natürlich keine Rede.

Einige schickten sofort Scheiben, andere zunächst ihr Musikprogramm. Aber dieser Weg ist ziemlich umständlich. Schließlich mußt du erst eine LP aussuchen und dann von neuem schreiben. Das kostet Porto.

Die Ecke für den Statistiker

versendete Briefe	gelieferte Waren	Verkaufswert
14	25 LPs	DM 500,—

****
Post-»Raub« mit Freimarken

Wenn du etwas haßt, sind es Automaten. Ob für Zigaretten, Dosenbier, Süßigkeiten oder Cola.

Andauernd ist so ein Apparillo kaputt und dein Münzgeld futsch. Reklamieren kannst du abhaken. Denn meist sitzen die Firmen irgendwo in der Pampa. Viel zu großer Aufwand.

Anders bei der Bundespost. Ärgern dich doch sowieso diese ständigen Gebührenerhöhungen.

Neulich wolltest du aus einem Postautomaten Briefmarken ziehen. Geld reingeworfen, aber Asche. Der Kasten tilte. Am nächsten Tag tigerst du zum nächsten Postamt und machst ordentlich Randale.

Der Junge am Schalter hört dich an und läßt eine Runde Freimarken rüberwachsen. Die hast du ihm quittiert, und fertig war das Thema. Seitdem siehst du die gelben Häuser wieder aus einem ganz anderen Blickwinkel.
****

3.5 Walkman: Volle Dröhnung in der Ohrmuschel

Sieben-Uhr-Dreißig — morgenmuffelig zuckelst du wieder mit der U-Bahn in Richtung Innenstadt. Überlegst, wie sich die heißen Scheiben mit deiner bescheidenen Musik-Anlage vertragen würden. Echt schade, die brandneuen Hits mit der alten Platten-Mühle abzuleiern. Seit deiner Konfirmation hat die Anlage eben doch schon ein bißchen gelitten. Zum Haare-Raufen, daß sich Plattenspieler nicht als Versandmuster eignen. Warum eigentlich nicht? Was sind denn die Bedingungen für Musterartikel? In Gedanken rappelst du sie nochmal runter:

1. Warenwert nicht über 300 Mark. Bei einer Rolex-Uhr haken die Firmen eben nach, bevor das Zeug auf die Reise geht.

2. Leicht zu verpacken. Also Einbauküchen und Wohnzimmerschränke scheiden leider aus.

3. Sicher zu transportieren. Meissner Porzellan und Nitroglycerin fallen somit flach.

4. Als normales Päckchen oder Paket zu versenden. Trifft auf die dringend fällige Waschmaschine sicher nicht zu.

Die kreative Stratgie

Diplomingenieur
Thomas Brockmann
& Partner
2000 Hamburg
0 40

SONY Deutschland GmbH
– Vertrieb –
Hugo-Eckener-Straße 20

5000 Köln 30

Typ-Muster Walkman-Recorder

Sehr geehrte Damen und Herren,

Ende des 3. Jahresquartals wird in Niedersachsen eine neuartige Kultursession veranstaltet. Dies wird eine Kombination aus Musik, Kunst und Kommerz sein. Um die Veranstaltung so attraktiv wie möglich zu gestalten, wurden einige Animateure und Promoter engagiert. Aufgabenstellung ist die Entwicklung ansprechender Aktivitäten als flankierende Attraktionen.

So haben wir eine Promotion entwickelt, bei der ca. 250 ,,Walkman''-Recorder über ein Gewinnspiel verlost werden sollen. Die Lieferung der Geräte müßte bis Ende August erfolgen.

Nun möchte sich unser Kunde schon vor der Auftragserteilung einen persönlichen Eindruck bilden. Daher erbitten wir die Zusendung eines geeigneten Typ-Musters. Für die Aktion wurde ein Gesamtbudget von DM 50.000,-- veranschlagt, so daß wir bei dem ,,Walkman'' (inklusive Kopfhörer) von einem mittleren Preisniveau ausgehen.

Wegen des in Kürze anberaumten Präsentationstermines wären wir Ihnen für eine zügige Bearbeitung dankbar. Außerdem erbitten wir ein spezifiziertes Angebot bei einer Abnahme von 200, 250 und 300 Geräten.

Mit bestem Gruß

Sony Deutschland GmbH

Hugo-Eckener-Straße 20
D-5000 Köln 30
Telefon (02 21) 59 66-1
Telex 8 881 626
Telefax (02 21) 59 66-349

Sony Deutschland GmbH, Postfach 30 12 49, 5000 Köln 30

Dipl.-Ing.
Th. Brockmann & Partner

2ooo Hamburg

Ihr Zeichen	Unser Zeichen	Durchwahl 59 66-	Datum
	ib	5968 - 2o6	11.6.1985

Ihre Anfrage vom 3.6.1985 / Walkman

Sehr geehrter Herr Brockmann,

wir danken für Ihre o.g. Anfrage sowie das Interesse an unseren Produkten und bieten Ihnen wunschgemäß unseren Walkman WM-6 in den Farben Rot, Blau und Silber zum Einzelpreis von DM 148,-- zzgl. gesetz-
licher Mehrwertsteuer ab Lager Köln freibleibend gegen Vorkasse an.

Wir weisen darauf hin, daß Produkte unseres Hauses nur für werbliche
Zwecke genutzt werden dürfen und ein Wiederverkauf an Endverbraucher
völlig ausgeschlossen sein muß. Wir möchten Sie bitten, dies bei einer evtl. Bestellung schriftlich zu bestätigen.

Ein berechnetes Muster ist heute an Sie abgegangen.

Für weitere Rückfragen steht Ihnen der Unterzeichner jederzeit gerne
zur Verfügung.

Mit freundlichen Grüssen
SONY Deutschland GmbH
Premium Sales
i.V.

Vorsitzender des Aufsichtsrates: Dr. Henning Rasner
Geschäftsführung: Jack J. Schmuckli (Vors.), Tadasu Kawai (Stellv.), Dr. Manfred Wolfrum (Stellv.), Akinobu Ishihara, Dr. Ron Sommer, Klaus Zimmermann
Rechtsform GmbH, HRB Köln 44 18

O. k., den neuen Plattenspieler kannst du vergessen. Mist! — Ein neuer Fahrgast ist zugestiegen. Dir gegenüber sitzt jetzt ein leicht angepunkter Boutique-Verkäufer. Drahtbügel mit Ohrwärmer übergestülpt und ständig mit den Fingern schnipsend. Wieder ein Walkman-Geschädigter, völlig kommunikationsgestört. Aber als Alternative für den Frust mit dem Plattenspieler sind die Dinger nicht schlecht. Betrifft ja die gleichen Firmen.

Da kannst du nun wirklich nicht meckern. Zwei Spitzen-Walkman-Geräte, eines sogar von Sony. Eine sahnige Vorstellung: Gleich eine fetzige Musik einlegen und auf volle Dröhnung stellen. Den Super-Sahne-Sound im Ohr bewegst du dich halb gehend, halb tanzend in deiner Wohnung. Aber intelligenter als der Typ in der U-Bahn siehst du damit sicher nicht gerade aus.

Die Ecke für den Statistiker

versendete Briefe	gelieferte Waren	Verkaufswert
8	2 Geräte	DM 350,—

Video-Cassetten

3.6 Videos: Pantoffelkino rund um die Uhr

Wen könntest du denn jetzt abzocken? Willst irgendwas Flottes aus der Unterhaltungsbranche organisieren. Videos wären nicht übel. Dir gehen die Kassetten zwar tierisch auf den Keks. Aber was soll's. Dein Bruder flippt bei Videos ja völlig aus. Pfeift sich einen Film nach dem anderen rein. Hat schon manchmal quadratische Augen von der Dauerberieselung.

Welchen Briefstil willst du wählen? Rezensionen wären zwar denkbar. Aber dieser Aufhänger ist für dich ausgereizt. Eins hast du aus den vergangenen Aktivitäten gelernt: Entweder köderst du mit einem mordsmäßigen Geschäft oder bietest kostenlose Werbung an. Und weil die Videobranche sowieso in der Misere steckt, spielst du gleich den Retter in der Not.

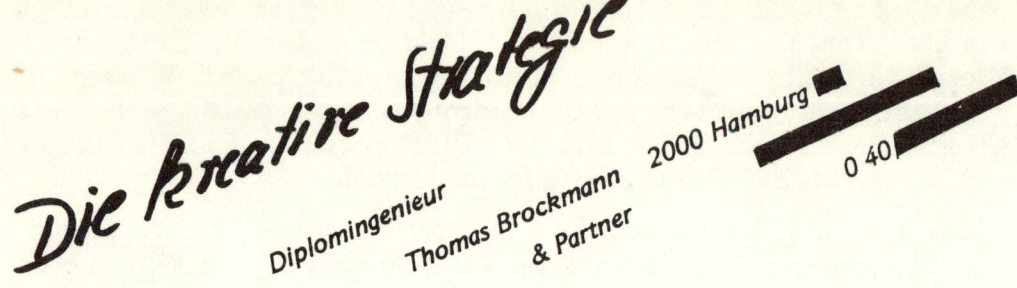

Die kreative Strategie

Diplomingenieur
Thomas Brockmann   2000 Hamburg
& Partner   0 40

VTD
VIDEO TONTRÄGER
Dr. Dressler GmbH
— Presseabteilung —
Gollierstraße 5

8000 München 2

Musterkassette für Jugend-Video-Preis

Sehr geehrte Damen und Herren,

in den letzten Jahren ist die gesamte Video-Industrie im Bild der Öffentlichkeit
in starken Mißkredit gekommen. Hardcore- und vor allem Horror-Videos haben
zu einem negativen Image geführt und die Branche ins Kreuzfeuer der Medien
gebracht.

Um dem Vorurteil zu entgegnen, es gäbe wenig ansprechende Jugendfilme,
möchte eine namhafe deutsche Publikumszeitschrift einen neuen Video-Preis
etablieren. Dabei soll neben einer ständigen Rubrik der Jugend-Videofilm des
Jahres ausgelobt werden.

Geplant ist die Aktion für Herbst dieses Jahres. Dabei sollen Produktion, Regie,
Darsteller und anbietende Verleihfirma ausgelobt werden. Um das Projekt in
der Vorphase ungestört prüfen zu können, möchte die Zeitschrift vorerst ungenannt bleiben.

Zur Vorauswahl und Materialzusammenstellung bitten wir Sie, uns bis Ende
April eine aus Ihrer Sicht geeignete Video-Kassette (nur eine!) zu schicken.
Folgende Kriterien bitten wir hierfür zu berücksichtigen:

—   Bereich Unterhaltung (Krimi, Western oder Humor)
—   zugelassen für Jugendliche unter 18 Jahren
—   von der FSK bewilligt
—   Musterkassette auf VHS- oder U-Matic-System

Bitte benennen Sie für spätere Fragen den zuständigen Ansprechpartner und
teilen Sie uns mit, ob Ihre Firma bereit wäre, sich für eine Preisverleihung zur
Verfügung zu stellen.

Anfang Mai werden wir unsere Recherchen und Vorbereitungen vor der Redak-
tions- und Verlagsleitung präsentieren. Erst im Anschluß werden wir direkten
Kontakt mit Ihnen aufnehmen und weitere Details besprechen.

In der Hoffnung, daß Sie mit diesem Ablauf einverstanden sind, verbleiben wir

mit freundlichen Grüßen

VIDEO TONTRÄGER
DR. DRESSLER GMBH
GOLLIERSTRASSE 5,   8000 MÜNCHEN 2
TELEFON 0 89/5 02 63 44,   TELEX 5 214 499 vtd

VTD Dr. Dressler GmbH · Gollierstraße 5 · 8000 München 2

Dipl.Ing.
Thomas Brockmann & Partner
████████████

2ooo Hamburg - █

München, 6.5.85

Sehr geehrter Herr Brockmann,

bezugnehmend auf Ihren Brief vom 29.3.85 haben
wir Ihnen heute mit getrennter Post eine Muster-
cassette aus unserem VTD-Katalog

        " Der Tag der Cobra" (mit Franco Nero)

für den Jugend-Video-Preis zugeschickt.

Bei dieser Cassette handelt es sich um einen der
besten Action-Filme der letzten Jahre in Starbe-
setzung. Der Film ist von der FSK ab 16 Jahre frei-
gegeben. Wir halten ihn deshalb auch für einen der
besten Jugendfilme, was im übrigen auch die er-
reichte hohe Auflage bestätigt.

Mit freundlichen Grüßen
        VTD

████████████

PS. Bitte nehmen Sie nach Ihren Recherchen den
    angekündigten persönlichen Kontakt mit uns
    auf.

BAYERISCHE VEREINSBANK (BLZ 700 202 70)
KTO.-NR.: 7 874 499

GESCHÄFTSFÜHRER DR. ERHART DRESSLER

Eine völlig irre Situation für dich. Schließlich hast du jetzt selber Video-Kassetten im Haus. Da müßte man eigentlich seine bisherige Meinung ändern. Schlicht das Gegenteil behaupten. Aus neuem Blickwinkel malst du ein phantastisches Freizeitprogramm aus: Als erstes ziehst du dir »Die Unendliche Geschichte« in Filmversion rein. Nach dem Märchen puscht du dich mit Action auf: Der »Tag der Cobra« mit Franco Nero. Und zum Ausklang noch einen Krimi oder Western? Erstmal abwarten. In jedem Fall könntest du dir im Heimkino ein paar schöne Stunden machen. Für die Einrichtung einer Videothek reicht der Rücklauf zwar nicht ganz. Aber die Anschaffung eines Videorecorders wäre mittlerweile zu vertreten.

Die Ecke für den Statistiker

versendete Briefe	gelieferte Waren	Verkaufswert
14	12 Kassetten	DM 900,—

3.7 Mohrenköpfe: Klebrige Küsse ohne Leidenschaft

Zwei Uhr morgens. Gerade kommst du von einer Fete zurück. Alkoholisch leicht angeschlagen und benebelt. Aber die nötige Bettschwere fehlt. Du spürst noch Tatendrang in dir. Eine verrückte Idee brummt in deinem Schädel. Die muß jetzt raus. Ran an die Maschine. Der Größenwahn in dir diktiert den Brief. Du willst ein Zeichen setzen, eine schillernde Textrakete abschießen. Nichts ist unmöglich — Überzeugung alles. Du feuerst dich selber an, schaukelst dich hoch. Was du mit Negerküssen vorhast, hat wirklich nichts mit Naschen zu tun. Volles Risiko, und ab geht die Post.

Thomas Brockmann   xxxxxxstraße xx
Diplomingenieur   2000 Hamburg xx

DICKMANN
Dickmann GmbH & Co.
Postfach 14 64

5860 Iserlohn

Negerküsse/Guiness-Buch der Rekorde

Guten Tag, Herr Geschäftsführer,

Na klar! Ich weiß, die Sache ist total verrückt. Aber was soll's. Ich habe mir
nun mal vorgenommen, in's GUINESS-BUCH DER REKORDE zu gelangen.
Schließlich muß es doch möglich sein, den derzeitigen Rekord im Negerkuß-
Essen zu durchbrechen:

65 Mohrenköpfe (Stückgewicht 27,5 g) in 15 Min. verzehrte Holger Strauß
aus Kappeln-Mehlby (Schleswig-Holstein) am 24. Mai 1981. – Björn Gülberg
aus Neubiberg (bei München) verspeiste am 16. März 1982, 56 Negerküsse
(je 15,5 g) in 8,0 Minuten.

Auf jeden Fall sind meine momentanen Leistungen mehr als vielversprechend,
so daß ich in Kürze die Veranstaltung anmelden möchte. Nun habe ich festgestellt, daß a) das Training ziemlich ins Geld geht und b) ein guter Geschmack
der Negerküsse ganz wesentlich die Leistung beeinflußt. Da mir Ihre Mohrenköpfe mit Abstand am besten schmecken, möchte ich erfragen, ob Sie mein
sportliches Engagement nicht mit einer Warenlieferung unterstützen (sponsern)
könnten.

Natürlich kann ich Ihnen nicht wie bei Formel I-Fahrern einen Overall oder
Sturzhelm als Werbeträger anbieten. Es sei denn, meine Ente (2 CV 6) interessiert Sie für Werbeaufkleber Ihrer Firma.

Mit einem süßen Dank!

P. S.: Bitte unbedingt die Daumen drücken, damit es klappt!

Qualität hat Zukunft

 Dickmann

Dickmann GmbH & Co. · Postfach 1464 · D-5860 Iserlohn

Herrn
Thomas Brockmann
████████████

2000 Hamburg ███

Bei Schriftwechsel
und telefonischen Rückfragen
wenden Sie sich bitte an

Herrn ████████

Unsere Zeichen:

5860 Iserlohn, den   6.5.1985

Sehr geehrter Herr Brockmann,

Ihre Idee, mit unseren Schokoküssen und Ihrer persönlichen
Leistung ins Guiness-Buch der Rekorde zu kommen, finden
wir ganz toll und wir sind vor diesem Hintergrund gern
bereit, Sie mit ausreichenden Naturalien zu unterstützen.

Damit wir Ihnen nun auch die richtigen Muster zusenden
können, bitten wir Sie kurz um Nachricht (ggf. telefonisch),
mit welcher Gewichtsgröße Sie an den Start gehen wollen.

Wir können Ihnen die folgenden Produktgrößen anbieten:

1. Stückgewicht 15,6 g
2.   "   24,0 g
3.   "   28,0 g

Die 28 g Version ist unser Spitzenprodukt Super Dickmann's,
überzogen mit Vollmilch-Schokolade.

Bitte teilen Sie uns kurz mit, welche Produktgröße Sie
haben möchten.

Mit freundlichen Grüßen
DICKMANN GMBH & CO.

ns : Bei Ihren sicherlich erfolgreichen Aktivitäten setzen wir dann Ihr
Einverständnis voraus, evtl. Erfolge - für uns kostenfrei und un-
verbindlich - werblich zu verwerten.

Telefon (0 23 71) 39 91-95
Telex 827 891 dikko d

bbn 40 358 00

Dresdner Bank AG, Bielefeld
(BLZ 480 800 20)
Konto-Nr. 210 593 700

Dresdner Bank AG, Iserlohn
(BLZ 445 800 70)
Konto-Nr. 703 353 900
Sparkasse Iserlohn
(BLZ 445 500 45)
Konto-Nr. 27 698
Postscheckkonto Dortmund
(BLZ 440 100 46)
Konto-Nr. 80 190 - 460

Rechtsform: Kommanditgesellschaft
Sitz: Iserlohn · Amtsgericht: Iserlohn HRA 614

Persönlich haftender Gesellschafter:
DICO Verwaltungsgesellschaft mbH,
Sitz: Iserlohn · Amtsgericht: Iserlohn HRB 615
Geschäftsführer: Richard Buschek, Dr. Rolf Twete

Da schnallst du ab! Ist doch absoluter Stuß, daß ein guter Geschmack die Leistung beeinflußt. Bei einem Rekordessen sieben Negerküsse pro Minute mampfen und dann noch etwas schmecken? Offensichtlich glauben die Hersteller daran. So schrieb die Ruhrkrone-Waffelfabrik in Herten: »Auch wir sind über den Stand des Rekordessens in Negerküssen informiert... Dies ist ein Beweis dafür, daß der Negerkuß zu anderen Süßwaren einmal besonders bekömmlich ist und außerdem wenig Kalorien hat...«

Eine tolle Variante erlaubte sich die Firma Wolf aus Prichsenstadt. Erklärte, daß Negerküsse auf dem Postweg zwar kaputt gingen. Aber statt dessen gab es ein fünf Kilo schweres Freßpaket mit den Begleitzeilen: »Gern schicken wir Ihnen sozusagen ›zum Nachtisch‹ einige andere Produkte unseres Hauses, welche Ihnen genauso munden sollen wie die Negerküsse. Toi, toi, toi für den neuen Weltrekord...«

Die SÜGRO Pinneberg überschlug sich förmlich. Beliebig viele Mohrenköpfe bot dir der Geschäftsführer an. Ob 200 oder 500 sei völlig egal. Einen Wunsch hätte er allerdings. Wäre es vielleicht möglich, den Rekordversuch am Geburtstag ihres Aufsichtsratsvorsitzenden zu starten? Oder könnte als Ort ein Supermarkt gewählt werden? Mit einer riesigen Negerkußwand, versteht sich.

Den Werbeeffekt wollten auch Hansematz und Dickmann ausschlachten. Sie schlugen regelrechte Purzelbäume vor Begeisterung. Kein Wort von einem Autoaufkleber. Nein, anständiger Werberummel mit Journalisten, Fotografen und dem ganzen Schicki-micki. Die eigene Marke ins grelle Rampenlicht stellen. Die Öffentlichkeit glauben lassen: Wer minutenschnell Dutzende von Negerküssen mampft, beweist Geschmack.

Die Ecke für den Statistiker

versendete Briefe	gelieferte Waren	Verkaufswert
10	300 Negerküsse	DM 100,—

Tafel V : Ein typischer Morgen im Leben des Thomas B.?

Aaah, erstmal ein Bad in Champagner: das wirkt Wunder nach den Ausschweifungen der letzten Tage!

Na endlich: der Postbote mit dem Frühstück.

Hmmn... das schmeckt!

Danach wird erstmal was weggepafft...

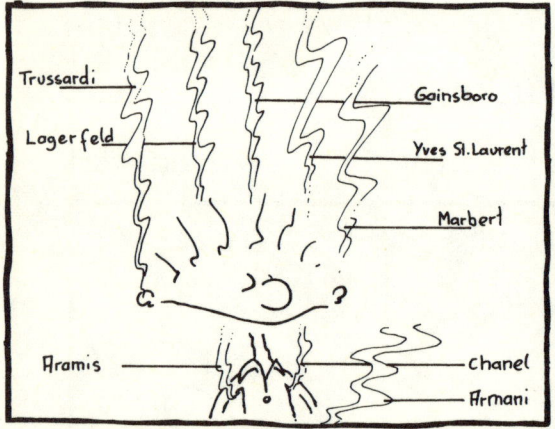

... sich frischgemacht ...

... und Vorhang auf für einen weiteren sorgenfreien Tag!

Tafel VI: Mögliche Änderungen im Leben des Thomas B.

Vorher: von Selbstzweifeln zernagt

Nachher: immer gelassen

Vorher: mittellos

Nachher: begütert

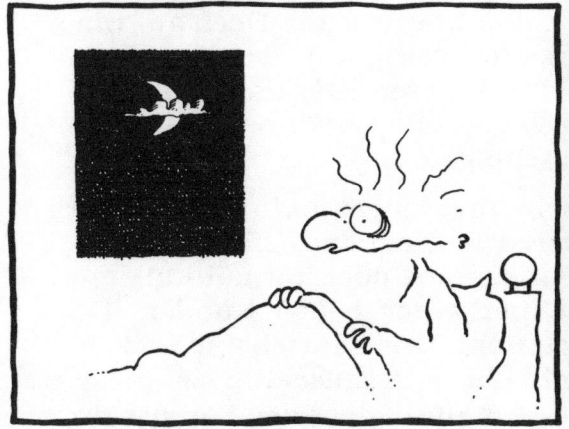

Vorher: einsam

Nachher: begehrt

101

4.1 Banken: Mit dem grünen Band der Sympathie

Dein Spiel ist noch nicht perfekt. Zwar bestimmst du die Branche. Aber du mußt halt nehmen, was so kommt. Mal ist es Top, mal Standard. Sei ehrlich, Thomas: Nur Bargeld lacht. Was hältst du denn von Geldgeschenken? Zum Beispiel den Bänkern etwas Kies aus ihren Nadelstreifen-Anzügen kitzeln.

Das absolut Stärkste bringen die Computer-Hacker. Doch auf dieser Masche kannst du nicht reiten. Bist völlig unbeleckt auf dem Computer-Sektor. Außerdem willst du diesen illegalen Weg nicht einschlagen. Statt dessen eine allgemein übliche Form wählen. Die Branche mit ihren eigenen Waffen schlagen.

Banken und Sparkassen sind gierig auf Neugeschäft. Schmeißen sich fürchterlich ins Zeug, um zusätzliche Kunden zu baggern. Reizen alle Möglichkeiten aus. Zur Kindgeburt oder Vermählung ein kleines Geldgeschenk. Schon hat man einen neuen Kunden. Du denkst zurück an deine Konfirmation. Drei Gutscheine mit 10 Mark haben sie dir damals geschickt. Ja, dein Entschluß steht fest. Du willst eine irre Show abziehen. Als Aufhänger den verantwortungsvollen Bruder raushängen lassen. Daß Brüderchen noch 17 Jahre ist und außerdem Katholik, bleibt dein Geheimnis. Aber gelogen wird nicht. Nur nett umschrieben.

Thomas Brockmann   xxxxxxstraße xx
Diplomingenieur   2000 Hamburg xx

Dresdner Bank AG
Zweigstelle Eppendorf
Postfach 20 18 51

2000 Hamburg 20

Sehr geehrter Herr Filialleiter,

wenn Sie ein eigenes Kind in diesem Alter haben, ist Ihnen sicher nicht ent-
gangen, daß im April wieder Konfirmationen gefeiert werden.

Wie ich von einem Kollegen erfahren habe, schenkt Ihr Geldinstitut einzelnen
Konfirmanten ein Konto mit einem Betrag zwischen 5 und 10 DM. Diese Geste
finde ich sehr nett und halte es gerade für nach Selbständigkeit strebende
Jugendliche für ein tolles Geschenk. Schließlich will die „Rasselbande" ja mit
ihren Mofas im Straßenverkehr auch ernst genommen werden. Um so mehr
wird es Zeit, daß sie den verantwortungsvollen Umgang mit Geld lernen.

Aus aktuellem Anlaß möchte ich nun erfragen, ob Sie ein solches Present
auch für meinen Bruder Stephan einrichten könnten. Es wäre bestimmt eine
riesige Überraschung für Ihn. Sicher brauchen Sie für eine Kontoeröffnung
seine (die elterliche) Anschrift: Stephan Brockmann, xxxxxxxxxstraße 20,
2000 Hamburg xx.

Bitte schreiben Sie mir, wenn Sie Fragen haben oder weitere Angaben benötigen. Denn auf jeden Fall möchte ich ihn damit überraschen, zumal dies
sein erstes eigenes Konto wäre. Da der Termin drängt, wäre ich Ihnen für
eine baldige Antwort sehr verbunden.

Mit vorzüglicher Hochachtung

Dresdner Bank
Aktiengesellschaft
in Hamburg

Jungfernstieg 22
Postfach 301 221

2000 Hamburg 36

Telefon (040) 35 80
Bankleitzahl 200 800 00
S.W.I.F.T.-Adresse:
DRES DE FF 200

Herrn

Stephan Brockmann

████████████████

2000 Hamburg ██

Ihre Zeichen und Nachricht Your reference Votre référence Su referencia	Bei Beantwortung bitte angeben In replying please quote Veuillez rappeler dans votre réponse Citese en la respuesta	Durchwahl/Hausruf Direct dialling/Extension Sélection directe/Poste Número directo/Extensión	Datum Date Date Fecha
	Zweigstelle Eppendorf DR/-	47 30 63	19.04.1985

Sehr geehrter Herr Brockmann,

es bereitet uns eine große Freude, Ihnen aus Anlaß Ihrer
Konfirmation unsere herzlichen Glückwünsche übermitteln
zu können.

Wir hoffen, daß Sie und Ihre Eltern diesen Ehrentag im Kreise
Ihrer Gäste gut verleben und wünschen Ihnen für die Zukunft
alles Gute.

Anliegender Geschenkgutschein von uns soll Ihnen dienen,
auch Ihr erstes Konto zu eröffnen.

Mit freundlichen Grüßen

Dresdner Bank AG in Hamburg
Zweigstelle Eppendorf

Dresdner Bank

Jedes größere Geldinstitut in Hamburg hast du angebohrt. Wolltest den Banken nur auf den Zahn fühlen. Kurz die Situation checken. Und was für ein trauriger Befund kam bei der Behandlung raus? Alles vereitert! Raiffeisen, die Bank für Gemeinwirtschaft, Volksbank, Commerzbank, Hamburger Sparkasse, Dresdner und Deutsche Bank. Mit je fünf Mark waren sie dabei. Sogar die Kreissparkasse Harburg weit vor den Toren Hamburgs lieferte ohne Zögern.

Nicht eine Zeile hast du von einer Konfirmation deines Bruders geschrieben. Nur von aktuellem Anlaß gemurmelt. Eine echte Kaugummi-Formulierung! Was kann nicht alles ein aktueller Anlaß sein? Du hast es natürlich vollkommen eindeutig gemeint: Brüderchen ist wieder mal mit seinem Taschengeld nicht langgekommen und braucht jetzt dringend Knete.

Da lacht das Herz. In der gleichen Dresdner-Bank-Filiale weiß die eine Hand nicht, was die andere macht. Am 19. 4. schickten sie Stephan Brief und Gutschrift zur Konfirmation. Und am 6. 5. gratulierte derselbe Bankbeamte zu seiner Volljährigkeit. Wieder ein Beweis, mit welch prächtiger Oberflächlichkeit deine Schreiben bearbeitet werden.

Dresdner Bank
Aktiengesellschaft
in Hamburg
Zweigstelle Eppendorf

Postfach 20 18 51
Eppendorfer Landstraße 12

2000 Hamburg 20

Telefon (040) 473 063
Bankleitzahl 200 800 00
S.W.I.F.T. Adresse:
DRES DE FF 200

Herrn
Stephan Brockmann
██████████████

2000 Hamburg ███

Ihre Zeichen und Nachricht	Unsere Zeichen	Durchwahl Hausruf	Datum
	ga-kp-s		6. Mai 1985

Konto Nr. 84 212 885 00

Sehr geehrter Herr Brockmann,

Sie sind jetzt volljährig; auch gegenüber uns, Ihrer Bank, haben sich damit Ihre Rechte erweitert. So können Sie jetzt beispielsweise mit Schecks zahlen oder einen Kredit aufnehmen.

So ein paar 5-Mark-Gutscheine kriegen, ist ja ganz keß. Aber der goldene Wurf ist das nicht gerade. Da muß doch mehr drin sein, wenn die Banken so selbstverständlich ihre Gutschriften versenden. Mal abklopfen, ob sich die Filialen untereinander über Geldgeschenke informieren. Mit neuem Datum jagst du den Text nochmal durch die Schreibmaschine. Porto drauf und in den Postkasten. Zehn Tage später hast du die Antwort. Wieder strahlt ein roter Geldgutschein aus dem Umschlag. Mit herzergreifenden Begleitzeilen der Hamburger Sparkasse: »Die besten Wünsche zum heutigen Tage! Er leitet einen neuen Lebensabschnitt ein und wird sicherlich gebührend gefeiert...«

Das kann man wohl sagen! Jetzt müssen Sektkorken knallen. Der nackte Wahnsinn, wenn du dir die Folgen ausmalst: Kein Informationsaustausch zwischen den Filialen. Keine Adressen/Namens-Eingabe in den Bankcomputer!

Offensichtlich sind die Kosten für diesen Arbeitsvorgang höher als der Wert des Gutscheins. Hier wäre eine riesige Chance für dich. Der Fehler im System ließe sich vortrefflich ausnutzen.

Eine wahnsinnige Vorstellung: Allein in Hamburg gibt es über 100 Sparkassenbetriebe. Ähnliches gilt für die anderen Geldinstitute mit ihren Filialen. Bei 500 Briefen wären das schon 2500 Mark. Selbst nach Abzug von Porto und Papierkosten bleibt noch eine Stange Geld übrig.

Damit wäre Hamburg zwar abgegriffen. Aber für den Rest der Republik hast du auch schon eine Idee.

Schreibst einfach, daß du planst, demnächst nach Frankfurt umzuziehen. Aus aktuellem Anlaß möchtest du erfragen, ob man deinem Bruder... Und danach ab die Post nach München, Stuttgart, Berlin usw.

Klar, Tausende von Schreiben in der Konfirmationszeit sind echt Streß. Aber die Anlässe ließen sich ja austauschen. Mal Kindgeburt, mal Hochzeit, mal Konfirmation und Kommunion.

Lohnen würde es sich auf jeden Fall. Schlappe 30 000 Mark als Lichtblick für 1986? Zweifellos ein neuer Lebensabschnitt.

Die Ecke für den Statistiker

versendete Briefe	gelieferte Waren	Verkaufswert
10	10 Gutscheine	DM 50,—

4.2 Kino: Freier Eintritt — demnächst in diesem Theater

Fummelbunker, wie früher die Kinos genannt wurden, hatten schon immer etwas faszinierendes. Erst recht, wenn es den Spaß umsonst gab. Der alte Trick: Einer bezahlte den Eintritt und öffnete, während der Vorfilm lief, die Tür zum Hinterausgang. Schwuppdiwupp schlichen die dort wartenden Freunde in den Vorführraum und suchten sich einen Platz. Besonders heiß war die Sache, wenn die Vorstellung nicht jugendfrei war. Meist aber war das Drumherum spannender als der eigentliche Hauptfilm.

In der Penne warst du ja nicht grundlos Redakteur in der Schülerzeitung. Nicht nur wegen der Schallplatten und Bücher ein sauberer Job. Die meisten Kinos ließen einen Packen Freikarten springen, wenn man ihr Filmprogramm abdruckte. Wie Brüderchen mitteilt, läuft die Nummer heute noch.

Während des Studiums hast du ordentlich auf den Putz gehauen. Tolldreist den Geschäftsführer eines Kinos angerufen und ihm mitgeteilt, daß du für die Tageszeitung xy eine Filmbesprechung schreiben sollst. Und nun willst du wissen, wann die nächste Nachmittagsvorstellung startet. Erfahrungsgemäß lagen bei deinem Eintreffen bereits zwei Freikarten an der Kasse. Besonders fetzig war die Pressetour, wenn es Probleme gab. Ein Typ wollte beispielsweise deinen Presseausweis sehen. Hattest du natürlich nicht. Statt dessen kriegte er eine Visitenkarte:

Thomas Brockmann

Freischaffender Redakteur

Mitglied im Ring Deutscher Journalisten (RDJ) und im Fachverband überparteiliche Presse (FÜP)

Schlagartig änderte sich sein Gesichtsausdruck. Ehrfurchtsvoll wies er dir einen Platz in der hinteren Reihe zu und spendierte sogar ein Eis. Daß RDJ und FÜP frei erfundene Namen sind, hast du ihm natürlich nicht verklickert. Vermutlich blättert er heute noch in den Zeitungen und sucht vergeblich den Artikel. Ein Beweis für die typisch deutsche Eigenart, sich von Titeln und Organisationen blenden zu lassen. Schon aus dieser Erfahrung hattest du ständig

107

einen Stapel Visitenkarten bei dir. Schließlich braucht man für diese Arie keinen Titel von Konsul Weyer. Kärtchen zücken und Sesam öffnet sich, bei Messen, Empfängen, im Kino und Theater.

Rein zufällig bist du mal in eine Filmvorführung für eingeladene Journalisten geraten. Das war der nackte Wahnsinn: Kaltes Buffet und Sekt-Schlabbern bis zur Oberkante Unterlippe. Völlig breit bist du wieder rausgewandert. Von da an waren für dich allein Sondervorführungen im Kino interessant. Und damit dich die Filmgesellschaften bei ihren Erstaufführungen ja nicht vergessen, hast du gleich einen Erinnerungsbrief losgeschickt. Seitdem läuft die Freikarten-Aktion wie geschmiert.

Thomas Brockmann 2000 Hamburg 0 40/

UFA-International GmbH
– Presseabteilung –
Sonnenstraße 19

8000 München 2

Liebe Cineasten,

gerade komme ich von einem 14-monatigen Aufenthalt aus den Vereinigten Staaten zurück. Dort habe ich für ein Filmbuch über aktuelle Hollywood-Produktionen recherchiert. Übrigens wird mein Buch im Frühjahr 1986 erscheinen. Da ich nun in die heimatlichen Gefilde zurückgekehrt bin (quasi ,,back to the roots''), werde ich wieder wie bisher freie Beiträge für Fach- und Publikumspresse zum Thema Kino liefern. Deshalb wäre ich Ihnen dankbar, wenn Sie micht bei zukünftigen Filminformationen berücksichtigen und über Erstaufführungen für die Presse benachrichtigen.

Vielen Dank
und so long

Musikveranstaltungen wurden ähnlich angepeilt. Habt ihr doch schon als Pubertäts-Bolzen spitz gekriegt, daß in der großen Pause die Kontrollettis abziehen. Und wenn sich alle Zuschauer in der Halbzeit frei rumtummelten, konntet ihr euch locker unter die Masse mischen. Irgendwo war immer ein Platz frei. Bei diesen Gelegenheiten schleppte Werner sogar seine ganze Kameraausrüstung mit. Markierte auf Pressemacker und platzte sich direkt vor der Bühne hin.

Eine rattenscharfe Anmache hat sich deine Freundin ausgetüftelt. Seit Jahren klingelt sie vor jeder interessanten Premiere bei der Theater-Hauptkasse an. Ihr Aufhänger: »Guten Tag, NDR-Programmdirektion! Würden Sie bitte auf den Namen XY zwei Pressekarten an der Abendkasse hinterlegen ...« Muß wohl ein goldener Spruch sein. Jedenfalls gab es bei ihr noch nie Zoff oder peinliche Fragen.

Absolute Härte war die Tour zu den Eutiner Jazz-Tagen. Selbst bei Fats Domino, Ella Fitzgerald und B. B. King waren 120 Piepen pro Mann und Maus reichlich happig. Nach dem Motto »Irgendwie kommt man schon rein« seid ihr losgeheizt. Zu dritt, mit 20 Märkern im Geldsäckel. Aber das ganze Gelände war abgesperrt. Offensichtlich null Chance.

Plötzlich schnackte Pit drei Typen an, die wie stolze Truthähne auf dem Veranstaltungsgelände rumstolzierten. Nachdem er sie fünf Minuten vollgelabert hatte, klappte es. Grinsend schoben die Jungs ihre Eintrittskarten durch den Zaun. Ohne lange zu fackeln wurden die abgerissenen Tickets untereinander verteilt und zum Haupteingang marschiert.

»Wir mußten eben mal unseren VW-Bulli wegkarren. Hatte so 'ne blöde Einfahrt blockiert«, war der Kommentar. Schon war der Weg frei.

Ab zum nächsten Tresen. Drei Bier geordert und den Typen ihren versprochenen Lohn rübergereicht. Asche war allerdings, daß die restliche Knete nur noch für ein Bier langte. Fast schon Überlebenstraining, mit dieser Ration vier Stunden Musik-Power durchzustehen.

4.3 Reklamationen:
Aus alt mach neu

Ein Spiel, das du schon seit Jahren betreibst, ist das Reklamieren. Auf die Idee hatte dich die Mutter einer Freundin gebracht. In deinen Augen die ungekrönte Weltmeisterin in dieser Disziplin.

Sie beanstandet einfach alles. Ob bei der fünf Jahre alten Teflon-Pfanne der Griff abgebrochen ist, der Rasierapparat technisch überholt werden muß oder beim geerbten Besteck die Silberbeschichtung abgeplatzt ist. Ohne Garantieformular oder tatsächlichen Rechtsanspruch schickt sie die beschädigten Waren an die Hersteller zurück. Und in 80 Prozent aller Fälle kommen neue oder dieselben Produkte repariert zurück.

Das absolut Stärkste erlaubte sie sich bei einem Waschmittelhersteller. Nur durch eigene Schusseligkeit hatte sich bei der 60°Wäsche eins ihrer Kleidungsstücke verfärbt. Der sinngemäße Wortlaut ihres Beschwerde-Schreibens: Liebe Geschäftsleute, nun nehme ich schon seit Jahren Ihr Waschmittel und war immer so zufrieden! Bei 30, 60 und 90° immer klare Farben und alles 100 Prozent sauber. Letzte Woche nun reinigte ich meine nagelneue Baumwollbluse vorschriftsmäßig im Feinwaschgang. Und als ich nach 45 Minuten die Trommel öffnete, konnte ich vor Entsetzen nur noch sagen »wasch ist dasch?«. Die 150 Mark teure Bluse war verfärbt. Ich verstehe das gar nicht. Ist das Mittel zu aggressiv? Könnten nicht Ihre Wissenschaftler die Sache mal prüfen? ... — Makellos gereinigt und gebügelt kam die Bluse mit einem 5-Kilo-Paket Waschmittel per Post zurück.

In Sachen Reklamieren hat diese Dame wirklich mordsmäßig was auf dem Kasten. Bei einem einstündigen Kaffee-Klatsch führte sie dich in die hohe Kunst der erfolgreichen Qualitäts-Beanstandung ein. Sprudelte förmlich über, als sie ihre Erfahrungen vortrug:

- »Wende dich nicht an den Verkäufer oder Händler. Das bringt gar nichts. Die Jungs müssen verkaufen und können nicht so großzügig auftreten wie der Hersteller.

    Vor zwei Jahren haben wir uns z. B. eine unheimlich teure Klobrille geleistet, die angeblich für alle Töpfe geeignet war. Aber als wir dann in eine andere Wohnung umgezogen sind, paßte das verflixte Ding nicht auf die neue Klowanne.

Daraufhin beschwerte ich mich zunächst im Geschäft. Aber die lachten mich nur aus.

Und dann habe ich mich an den Hersteller gewendet. Ja, und die nahmen die gebrauchte Klobrille anstandslos zurück, entschuldigten sich und schickten uns eine neue. Es ist eben so, daß je weiter dein Ansprechpartner oben auf der Hierarchieleiter steht, desto kulanter reagiert er.

- Beschwerden haben nur Sinn, wenn es sich um Markenartikel handelt. Je höher der Qualitätsanspruch für das Produkt ist, um so großzügiger verhält sich die Firma. Z. B. habe ich ein ZEISS-Objektiv meines Mannes, das ihm auf die Terrasse gefallen war, erfolgreich reklamiert. Dagegen wurde die Beanstandung eines billigen Versandhaus-Fernglases eiskalt abgeschmettert.

- Bei deinen Firmenschreiben darfst du keinen eigenen Fehler eingestehen, sondern solltest dich lieber dumm stellen. Höflich und bestimmt auftreten. Aber auf keinen Fall zeigen, wie kaltschnäuzig du bist. Man muß dich für einen enttäuschten aber naiven Verbraucher halten. Denn die Hersteller sagen sich: Wenn ich in diesem Fall großzügig bin, kostet es mich wenig, und ich gewinne einen überzeugten Stammkunden.

- Reklamiere bei derselben Firma höchstens alle zwei Jahre. Sonst kriegen sie spitz, daß du ein Profischnorrer bist. Einige Hersteller speichern nämlich die Namen und führen eine Art schwarze Liste.

- Bei der Angabe des entstandenen Schadens solltest du immer etwas vorhalten. Einmal habe ich beispielsweise einer Weinfirma geschrieben und mich über die schlechte Qualität des Sektes beschwert. Behauptete, einen ganzen Kasten gekauft zu haben. Jede Flasche wär trübe gewesen und hätte flau geschmeckt. Zwar kriegte ich keinen ganzen Kasten, aber immerhin zwei 1-Liter-Flaschen.

- Solange du es nicht übertreibst, wird deine Reklamation problemlos bewilligt. Du mußt dir einfach vor Augen halten, daß je nach Produkt 10 000 bis 100 000 Artikel pro Jahr verkauft werden. Bei der hohen Stückzahl und den geringen Herstellungskosten ist deine Einzelware eine lächerliche Kleinigkeit.

- Fast alles, was du im Paket verschicken kannst, läßt sich beanstanden. Und für den Warenwert gibt es keine Grenzwerte. Vom durchgebrochenen Tennisschläger meines Sohnes bis zur

teuren Armbanduhr meines Mannes habe ich schon erfolgreich reklamiert. Dabei haben sich übrigens Sportartikelfir-
men als besonders kulant erwiesen.

● Einfach nichts ist unmöglich, wenn du deine Beschwerde
glaubhaft vorträgst. Neulich habe ich Wanderschuhe einge-
schickt. Die Sohle hatte sich gelöst. Also habe ich die Schuhe
ordentlich gesäubert und auf Hochglanz poliert. Hat tatsächlich keiner mitgekriegt, daß die ausgelatschten Halbschuhe
schon zwei Jahre alt waren. Seit einer Woche habe ich nagelneue Wanderpuschen. Deshalb ist mein Motto: Vor dem Müll-
eimer kommt immer erst die Reklamation.«

Du liebst diese ältere Dame. Irgendwie hat sie den Charme einer
Maude (aus dem Film »Harold and Maude«) und die Gerissenheit
einer Agatha Christie. Wie bescheiden sind dagegen deine eigenen
Reklamationen. Hast du dich doch bislang auf Squash-Schläger
beschränkt. Obwohl es auch nicht gerade selten vorkommt, daß
deine Schläger etwas zu stark mit der Seitenwand in Berührung
kommen und krachend zerbrechen. Würden die verschiedenen Firmen deine beanstandeten Materialfehler nicht akzeptieren, hättest
du diesen Sport vermutlich längst aufgeben müssen.

Thomas Brockmann   xxxxxxstraße xx
Diplomingenieur   2000 Hamburg xx

SAAR-SEKTKELLEREI FABER
Geschäftsleitung
Postfach 33 40

5500 Trier

Reklamation/Sekt

Sehr geehrte Damen und Herren,

vor vier Wochen haben wir anläßlich des frisch bestanden Abitures im
engsten Familienkreis gefeiert. Um dieses Fest in adäquater Form zu
gestalten, haben wir uns einen Sekt aus Ihrem Hause gegönnt, den wir
bislang außerordentlich geschätzt haben. Gerade für besondere Anlässe
galt dieser Sekt bei uns als edler und festlicher Tropfen.

Nun stellten wir leider bei dem zweiten Karton fest, daß bei sämtlichen
Flaschen der Sekt trübe war und überhaupt nicht sprudelte. Verständlich,
daß wir darüber nicht nur erstaunt, sondern auch ziemlich verärgert waren.
Wegen dieses Vorfalls wendete ich mich am nächsten Tag an das betreffende
Geschäft und reklamierte. Dort reagierte man abweisend und verwies auf
Sie als Hersteller.

Da für mich dieser Vorfall und die damit verbundene Enttäuschung nicht
bereinigt ist, möchte ich Sie höflich um eine Stellungnahme bitten. Wäre
es zuviel verlangt, den Verlust zu ersetzen? Bei meiner Reklamation handelt
es sich übrigens um folgende Marke: FABER KRÖNUNG.

Mit freundlichen Grüßen

faber

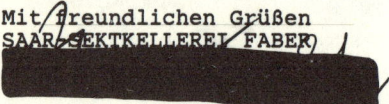 SAAR-SEKTKELLEREI FABER · POSTFACH 3340 · 5500 TRIER

**SAAR-SEKTKELLEREI
FABER TRIER**

Herrn
Thomas Brockmann
▬▬▬▬▬▬▬▬▬

2000 Hamburg ▬

30.07.1985
gro/thi

<u>Ihre Reklamation vom 18.07.1985</u>

Sehr geehrter Herr Brockmann,

wir bedauern es sehr, daß Ihnen unser Produkt FABER KRÖNUNG
Grund zur Beanstandung gegeben hat.

Die Ursache für den von Ihnen geschilderten Vorfall können
wir nur dann feststellen, wenn wir Gelegenheit haben, die
betreffenden Flaschen in unserem Labor zu untersuchen. Sollten
Sie daher noch im Besitz derselben sein, übersenden Sie uns
diese bitte. Ihnen entstehende Portokosten übernehmen wir
selbstverständlich. Das Ergebnis unserer Laboruntersuchung
werden wir Ihnen dann mitteilen.

Wir überlassen Ihnen vorab, ohne Anerkennung einer Rechtspflicht,
sechs 0,75 l-Flaschen FABER KRÖNUNG und hoffen, in Ihrem Sinne
gehandelt zu haben.

Mit freundlichen Grüßen
SAAR-SEKTKELLEREI FABER
▬▬▬▬▬▬▬▬▬▬▬▬▬

Saar-Sektkellerei Faber GmbH & Co. KG · Niederkircher Str. 27 · 5500 Trier · Amtsgericht Trier HRA 2560 · Tel. (06 51) 8 14-0 · Fernschreiber 17 65 1920 · Teletex-Nr. 65 1920
PhG: Saar-Sektkellerei Faber Verwaltungsgesellschaft mbH · Amtsgericht Trier HRB 1342 · Bankverbindung: Deutsche Bank AG Trier (BLZ 585 700 48) Konto-Nr. 470021
Geschäftsführer: Helmut Henseler

4.4 Restaurants:
Es muß nicht immer Kaviar sein

»Guten Tag. Mein Name ist Brockmann, könnte ich bitte den Geschäftsführer sprechen.« — 30 Sekunden danach ist er am Apparat. »Ich schreibe im Auftrag eines Verlages ein Buch über namhafte ausgesuchte Restaurants in Norddeutschland. Zu diesem Zweck möchte ich am Mittwoch mit einer Fotografin vorbeikommen und ihnen einige Fragen stellen. Bei der Gelegenheit möchte ich gleich einen Tisch für zwei Personen bestellen . . .«

Zwei Tage später. Deine Freundin ist tierisch gestylt und mit Kameratasche und riesigem Blitzgerät ausgestattet. Anstelle der ausgebeulten Jeans hast du heute feinen Zwirn und Kaftan angelegt. Als fachliches Erkennungszeichen trägst du Stenoblock und Filzstift bei dir.

Um zehn vor sieben erreicht ihr den Parkplatz. Neben der Ente lauter Edelkarossen: BMW, Porsche, Mercedes. Eine gewisse Nervosität ist nicht zu bestreiten. Verlegen betretet ihr den Nobel-Schuppen. Die Gäste sind total in Schale. Die meisten im Alter zwischen 50 und Scheintod. Trotz Sommer brennt das Kaminfeuer. Dezente Klassik-Klänge hauchen aus versteckten Lautsprechern. Beim Anblick des Geschäftsführers ist alle Unsicherheit verflogen. Dunkler Anzug, geschniegelt und gebügelt steht er vor dir. Würde dich nicht wundern, wenn er gleich strammsteht, die Hacken aneinander schlägt und salutiert.

»Ja, da sind wir. Ich schlage vor, daß wir zunächst ihre kulinarischen Köstlichkeiten sprechen lassen. Meine Fragen würde ich gerne im Anschluß stellen.« Ehrfurchtsvolles Kopfnicken und ein wohlartikuliertes »Selbstverständlich« ist die Antwort.

Vorweg nimmt man einen Aperitif, damit sich der Magen öffnet. Soviel weißt du noch gerade. Damit hört es aber auch auf. Ansonsten kannst du nur mit gewaltiger Unkenntnis glänzen. Hast ja schon Schwierigkeiten, die französische Weinkarte zu lesen. Wer seinen Hunger sonst mit Fritten, Hamburgern und Fertiggerichten bekämpft, kann nicht auf einmal den Hyper-Gourmet spielen. »Haben Sie schon eine Wahl getroffen. Was dürfen wir servieren?« Um die unvermeidbare Blamage abzuwenden, gibt es nur einen Trick: »Wir begeben uns vertrauensvoll in ihre Hände und möchten ausschließlich ihrer Empfehlung folgen.« Sein bestätigendes Nicken zeigt: Er hat den Brocken angenommen. Die Verlade läuft.

Professionell legst du Stenoblock und Stift neben dich. Krickelst ab und zu unleserliche Notizen aufs Papier. Zweifellos, das Fleisch kann man gut im Mund haben. Chateaubriand ist eben etwas anderes als Dosen-Ravioli von Aldi. Immer wieder wandert der unruhige Blick des Chefs zu eurem Tisch. Der arme Kerl dreht voll auf, kämpft einsam für den tollen Ruf seines Lokals. Zum Dessert gibt's Vanilleeis mit flambierten Himbeeren.

Den Mokka serviert der Geschäftsführer persönlich. In feiner dezenter Art, als spreche er aus der Nase, fragt er: »Hat es goutiert.« — Am liebsten würdest du dich jetzt zurücklehnen, wohlig über den Bauch streicheln und antworten: »Jawoll Alter, wir sind schnacke-dicke-voll.« — Statt dessen wandert ein »Es hat ausgezeichnet gemundet« über deine Lippen. Du fragst, ob er sich jetzt für einen Augenblick zu euch gesellen mag. Mit erwartungsvollem Blick nimmt er Platz.

»Am besten schildere ich Ihnen kurz das Projekt. Wie schon erwähnt, recherchiere ich für eine dreiteilige Buchreihe über kulinarische Hochburgen in der Bundesrepublik. Dabei werden exklusive Restaurants für vegetarische, Fisch- und Fleisch-Geschmäcker beschrieben, unterteilt nach den Regionen Nord-, Mittel- und Süddeutschland. Meine Begleiterin, Frau Siebenschön, ist für den fotografischen, ich für den redaktionellen Teil verantwortlich.

Publiziert wird das erste Buch im Frühjahr 1986.

In diesem Zusammenhang ist zu erwähnen, daß sich der Gourmet-Führer bewußt auf anspruchsvolle und ausschließlich empfehlenswerte Küchen beschränkt. — Der Satz trifft: Metallicblauer Glanz in den Augen deines Gegenübers. — Nun würde ich gerne einige Informationen über ihre Saisonspezialitäten sowie die Geschichte ihres Hauses erfahren. Könnten Sie bitte ein paar Worte dazu sagen?«

— Jetzt geht der Vorhang auf. Wie auf der Bühne plappert der Geschäftsführer die Entstehungsgeschichte seines Restaurants runter. Alte Historie, 150 Jahre alt, Gründerfamilie, vertrieben und verarmt angefangen, mit eigenen Händen und Schweiß aufgebaut, mühsam erkämpft... Das zu Tränen rührende Ammenmärchen jedes Millionärs, der als Tellerwäscher angefangen haben will.

Artig schreibst du mit, legst eine interessierte Miene auf. Bei der Schilderung seiner Spezialitäten hebt er endgültig ab. Und völlig losgelöst beschreibt er sämtliche Gaumenfreuden, mit denen ihn die ganze Welt zu beliefern scheint. — Du möchtest lauthals loslachen. Ihm sagen: »Mensch Junge, deine Nummer ist 'ne tote Hose.«

Nein, die Sache wird sauber durchgezogen. »Wir würden außerdem gerne die Räumlichkeiten fotografieren, um dem Leser einen Eindruck von diesem Ambiente zu vermitteln. Dürfen wir eventuell auch eine Aufnahme mit Ihnen vor dem Eingangsportal machen?« — Nach seinem Gesichtsausdruck zu urteilen wird der Geschäftsführer in diesem Moment um zehn Zentimeter größer. — »Aber zunächst bitten wir um die Rechnung für das vortreffliche Menü.«

Die Antwort fällt wie erwartet aus: »Ich hoffe, Sie fühlen sich nicht kompromittiert. Aber es wäre uns ein außerordentliches Vernügen, Sie beide als Gäste des Hauses einladen zu dürfen.« Mit gekünzteltem Zögern willigst du ein und sagst artig deinen Danke-Schön-Vers auf.

Sybille greift zur Ausrüstung und schießt schnell ein paar Fotos. Gemeinsam dackelt ihr vor die Tür. Der Restaurant-Big-Mäc begibt sich in Positur und strahlt stolz in die Kamera. Pflichtgemäß erhaltet ihr einen feuchtwarmen Händedruck und die wohlklingenden Abschiedsworte: »Bitte, beehren Sie uns bald wieder.«

(P. S. Natürlich hast du einen Tag später die Rechnung bezahlt, ihn aufgeklärt und bitter enttäuscht.)

****

Das Zigaretten-Spiel

Seit nunmehr 1¹⁄₂ Jahren betreibt Kurt seine Kneipe. Und genauso lange spielen Gäste mit ihm das beliebte Fluppenspiel.

Eines abends jammert er dir die Ohren voll: »Immer der gleiche Ablauf. ›Herr Wirt, ich habe grade kein Kleingeld bei der Hand. Würden Sie mir bitte mit vier Markstücken aushelfen?‹ — Und in den meisten Fällen gibt es diese Automatenschachtel dann umsonst.

Denn grundsätzlich tippe ich das geliehene Geld nicht in die Kasse. Sonst wird die Mehrwertsteuer automatisch zweimal berechnet. Bei Zigaretten ist diese Besteuerung nämlich bereits im Preis drin.

Wenn also in meinem Laden 'ne Menge los ist, vergesse ich oft, die Zigaretten auf die Rechnung zu setzen. Erst beim Kassensturz fällt es mir wieder ein. Und dann ist der Schuppen leer.« —

Armer Kurt, als Nichtraucher so viel Zigarettengeld auszugeben.

****

4.5 Zeitschriften: Lese-Service Tag für Tag

Sex-Magazine

Wenn jemand ein pfiffiges Kerlchen ist, dann Kalle. Dagegen bis du glatt ein Waisenknabe. Dieser Typ hat es faustdick hinter den Löffeln. Bei einem eurer Treffen schnackst du wieder ein paar Takte über die Umsonst-Kiste. Vielleicht hat er ja neue Anregungen, um die Sache noch zu powern. Tatsächlich kommt er mit einer Idee rüber. Fragt, ob du schon Zeitschriftenverlage ausgezählt hast. Gelangweilt gähnst du ihm entgegen. So ein Stuß. Was kostet denn schon eine Zeitschrift. Die verschenken Verlage sowieso leicht. Den Einfall kann man getrost abhaken. Daraufhin flippt Kalle aus. Nagelt los mit seinem Vortrag.

Zum Ersten: Du fragst nach Probeexemplaren. Schreibst dem Abonnement-Vertrieb der Verlage, daß du für zwei Wochen 'ne Leseprobe haben willst. Plauderst von der Überlegung, das Blatt eventuell zu abonnieren. Gar kein Thema, das ist absolut üblich.

Zum Zweiten: Du tickerst die Redaktionen an und erbittest ein Belegexemplar. Behauptest einfach, in der nächsten Ausgabe würde ein Artikel von dir veröffentlicht. Und nun willst du höflich daran erinnern, daß sie nicht vergessen, das Belegexemplar zu schicken.

Zum Dritten: Du schreibst an die Anzeigenabteilung des Verlages und blubberst von einem deiner Kunden. Der will eventuell im nächsten Jahr erstmalig mehrere ganzseitige 4-Farb-Anzeigen schalten. Für seine Entscheidungsfindung bittest du um sog. Freieinweiser. Im Klartext heißt das: Die Jungs geiern nach Anzeigenkunden und schicken dir in Hoffnung auf einen zukünftigen Deal erstmal kostenlos die kommenden Ausgaben.

Zum Vierten: Bei Magazinen wie Playboy, Penthouse, Lui spielt es ja keine Geige, ob du gerade das neueste Exemplar liest. Aktuelle News stehen eh nicht drin. Postkarte genügt, und ohne Begründung rufst du Heft Nr. . . . (letzte oder vorletzte Ausgabe) ab.

Die Abstaub-Arie wird von den Verlagen völlig locker gehandhabt. Denn hier ist »Johnny Kontrolletti« reichlich schlaff. Warum auch soll die Sekretärin, Sachbearbeiterin oder Assistentin lange rumtelefonieren? Da macht sich keiner unnötig selber Arbeit. Erst recht nicht bei dem popeligen Wert. Denk immer daran, daß einen Betrieb so eine Arbeitsstunde schlappe 25 bis 50 Märker kostet. Und die meisten Verlage drucken eh weit höhere Auflagen, als sie an Exemplaren verkaufen. Deshalb ist dein Anliegen echt kein Ding. Auf deine Postkarte wird prompt reagiert. Kurze Notiz an die Auslieferung schreiben und der Fall ist erledigt!«

Wieder kriegst du von Kalle eine gelangt, als du einwendest, daß die Tour bei Zeitschriften schnell ausleiert. »Mensch, Thomas, nun guck doch mal über den Tellerrand raus! Wir haben nicht nur einen, sondern ca. 420 Tageszeitungen, lokale, regionale und überregionale. Nimm mal an, du ziehst nur die Nummer mit der 14tägigen Leseprobe ab. Für 26 Postkarten hast du ein Jahr kostenlosen Lese-Service. Ist doch nicht ungewöhnlich, als Hamburger am Flensburger Tageblatt interessiert zu sein. Bis du alle Blätter einmal abgegriffen hast, sind einige Jahre verstrichen. Und dann kannste wieder von vorn anfangen, weil die dich längst nicht mehr auf der Latte haben. Hast du's jetzt geschnallt, Kerle?«

Mit Kritik wirst du vorsichtiger. Tastest dich sachte an die nächste Frage ran. Willst wissen, ob sich nicht mit Abos etwas deichseln läßt. — Hastig steckt Kalle eine neue Fluppe an, nimmt einen gierigen Schluck Bier und startet durch zur nächsten Lektion.

»Logo, da ist 'ne Menge drin. Das gilt neben Zeitungsverlagen übrigens auch für Buchclubs. Wie irre drehn die auf, um neue Stammkunden zu kriegen. Bieten teilweise tierisch wertvolle Geschenke als Werbeprämie an: Radios, Armbanduhren, Kaffeemaschinen, Videorecorder, Fernseher. Das Schrille dran ist, daß die Sachen oft teurer sind als das Jahres-Abonnnement.

Verlage rechnen nämlich wie Versicherungen. Wer eine Abo-Verpflichtung eingeht, bleibt in der Regel mehr als ein Jahr treu. Außerdem schlaffen viele Verbraucher mit der Zeit ab und verschwitzen die Kündigung. Und schon macht die wertvolle Werbeprämie wieder Sinn. Aber wenn wir beide uns einig sind, können wir ordentlich absahnen.

Der Trick: Immer hübsch im Wechsel werben wir uns gegenseitig als neue Abonnenten, kassieren die Prämien und kündigen postwendend. Glaub mir, so billig und schnell hast du noch nie deinen Haushalt eingerichtet. Und nun sag mir nochmal, daß bei Zeitungen nichts kostenloses drin ist!«

Dein Schädel brummt. Bist niedergewalzt von so viel Infos. Eins hast du jedenfalls für die Zukunft gelernt: Leg dich nie wegen Zeitschriften mit einem Verlegersohn an. Er macht dich alle.

4.6 Reisen: Für die kostbarsten Wochen des Jahres

Entnervt rollst du dich über die Bettkante. Ein verschlafener Blick aus dem Fenster. Traumhaft, es schüttet wieder volle Kanne. Hamburger Standardwetter. Die Wettermeldungen im Radio geben dir den Rest.

Was ist das bloß für ein Land, in dem es schon morgens um sieben zu regnen anfängt?

Na prima, nun darfst du ja wieder wählen — zwischen Ostfriesennerz und dem Trenchcoat mit hochgeschlagenem Kragen. Verdammt, du mußt hier raus, dringend Sonne tanken. Brauchst einen Flieger Richtung Süden. Aber wie willst du das nötige Kleingeld berappen? Selbst so ein Trip mit einer Never-Come-Back-Airline kostet Knete. Da muß doch was zu deichseln sein!

121

Thomas Brockmann
Diplomingenieur

xxxxxxstraße xx
2000 Hamburg xx

Botschaft des Staates Israel
z. H. des Wirtschafts-Attachès
Simrockstraße 22

5300 Bonn 2

Sehr geehrter Herr Wirtschafts-Attachè,

wie Sie dem beigefügten Schreiben meines Verlegers entnehmen können,
bin ich mit einem Reisebuch über Ihr Land beschäftigt. Dabei wollen wir
keinen üblichen Reiseführer, sondern ein benutzbares Buch über Freizeit-
möglichkeiten in Ihrem Land.

Bei den exorbitant steigenden Preisen in Südeuropa werden andere Urlaubs-
orte so interessant, weil Flugreisen über den preiswerteren Aufenthalt im
Land kompensiert werden. Wir wollen nicht den phantasielosen Pauschal-
touristen ansprechen, sondern den gehobeneen Individualurlauber.

Wie es im Reisejournalismus üblich ist, bitte ich mir Nachricht zu geben,
zu welchen Abflugzeiten Ihre Auslastung am geringsten ist, und aus Sicht
der Fluggesellschaft eine kostenlose Beförderung möglich ist. Außerdem
bitte ich um Information, welche Hotels und weiteren Transportmöglich-
keiten im Lande für meine Rechereche zur Verfügung gestellt werden können.

Mit der Bitte um Weiterleitung an das entsprechende Touristboard bzw.
Ihre Fluggesellschaft verbleibe ich

mit freundlichen Grüßen

122

Eichborn Verlag

... der mit der Fliege

Thomas Brockmann
xxxxxxxstraße xx

2000 Hamburg xx

Reisen - aber richtig!

Lieber Thomas Brockmann,

tausend Dank für das erste Roh-Exposé. Gedanklich und formal leuchtet mir
das unmittelbar ein. Außerdem kann ich verstehen, daß Sie nach dieser unge-
heuerlichen Inhalts- und PR-Leistung vom Schreibtisch aus mal andere Ufer
sehen wollen.

Die Zielgruppe des gehobenen Mittelstandes ist optimal (eben nicht die geld-
losen Rucksack-Touristen oder das Luxuspublikum). Und Feizeitbedürfnisse
in den Mittelpunkt zu stellen anstelle der verstaubten Kulturdenkmäler,
trifft den Nerv.

Da ich volles Vertrauen habe aufgrund der bisherigen Zusammenarbeit,
bekommen Sie in den nächsten Tagen von meinem Sekretariat den Vertrag
zur Gegenzeichnung; sobald er vorliegt, werden die DM 10.000 Vorschuß
überwiesen. Daß ich zu mehr nicht bereit bin, bitte ich zu verstehen. Denn
bei allem Optimismus wird die Umschlaggeschwindigkeit dieses Titels nicht
an die Zahlen Ihrer bisherigen Bücher heranreichen.

Wenn Sie unterwegs sind bei Ihrer Recherche, vergessen Sie zwischendurch
auch mal den „workaholic" und legen sich ein paar Tage in die Sonne.

Mit bestem Gruß

Vito von Eichborn

P. S.:   Übrigens hoffe ich in diesem Fall wie bei den beiden bisherigen Büchern
auf den erfolgreichen Beginn einer Buchreihe, die wir in den nächsten
Jahren gemeinsam ausbauen.

P. S. S.: Nur kurz noch die neuesten Zahlen Ihrer Bücher für Jugendliche:
Band 1 ist bei 127.000, Band 2 bei 57.500 Exemplaren.

Vito von Eichborn GmbH & Co. Verlag KG · Sachsenhäuser Landwehrweg 293 · 6000 Frankfurt/Main 70 · Telefon (0 69) 68 10 79 · Verkehrsnummer 11663
Rechtsform: Kommanditgesellschaft · Sitz: Frankfurt am Main — Registergericht Frankfurt, HRA 24307
Komplementärin: Vito von Eichborn GmbH · Sitz: Frankfurt am Main — Registergericht Frankfurt, HRB 20467 · Geschäftsführer: Vito von Eichborn · Dr. Matthias Kierzek
Frankfurter Sparkasse von 1822 (BLZ 500 502 01) Konto 886 793 · Postscheckkonto Frankfurt (BLZ 500 100 60) Konto 585 05-603

EL AL לאל על

Herrn
Thomas BROCKMANN
████████████

2000 Hamburg ▰

Büro Frankfurt Referenz 0401/145/sp Durchwahl 100   Datum 23.7.1985

Sehr geehrter Herr Brockmann,

Herzlichen Dank für Ihr Schreiben vom 12. d.M.

Den Vorschlag Ihres Verlages, eine 1-seitige Anzeige unserer
Gesellschaft abzudrucken, könnten wir akzeptieren. Wir werden
Ihnen in den nächsten Tagen eine Vereinbarung zusenden, die
von Ihnen und Ihrem Verlag unterzeichnet werden sollte. Nach
Leistung der Unterschriften steht Ihnen der Flugschein zur
Verfügung.

Diese Information geben wir Ihnen vorab, damit Sie die Reise-
vorbereitungen treffen können.

Mit freundlichen Grüssen
EL AL ISRAEL AIRLINES

Direktor für Deutschland

EL AL ISRAEL AIRLINES
Direktion für Deutschland: 6000 Frankfurt am Main (Postanschrift: Postfach 750203) · Rossmarkt 23 · Telefon (0611) 2194-0 · FS 4-13244
Büros: 2000 Hamburg 36 · Fontenay 1d · Telefon (040) 449262 · FS 2-162091
5000 Köln · Wallrafplatz 9 · Telefon (0221) 210951 · FS 8-881457
8000 München · Maximiliansplatz 15 · Telefon (089) 296888 · FS 5-22877
Banken: Chase Bank AG, Frankfurt/M, Kto. 616-11-01040 · Bank für Gemeinwirtschaft, Frankfurt/M, Kto. 1028108900
Postscheckamt Köln, Kto. 141405-500

Das mit den Botschaften war ja ein alberner Zick-Zack-Kurs. Hast gedacht, du ziehst eine seriöse Nummer ab und läßt dich weiterempfehlen. Aber dadurch wurde nur unnötig Zeit verdaddelt. Die diplomatische Standardantwort: »Bitte wenden Sie sich direkt an unsere Fluglinie.« Also marschierst du zurück auf Los und fängst von vorne an.

Das fingierte Schreiben von EICHBORN hat deinen Brief ordentlich aufgemotzt. Machte das erfundene Buchprojekt gleich konkret. Natürlich hättest du auch irgendeinen flotten Verlagsnamen ausdenken können. Aber dich interessierte mehr, ob überhaupt jemand nachforscht. Vielleicht mal beim Verlag anklingeln und den Reiseführer checken. Nun weißt du es wenigstens: Nicht ein angetickertes Unternehmen bohrte nach! — Ein Lob auf die geschäftliche Oberflächlichkeit.

Logo, daß du für Italien, Spanien, Frankreich keine Freiflüge schnorren konntest. Die sind doch jetzt schon mit Urlaubern bestens versorgt. Ganz anders die touristischen Entwicklungsländer außerhalb Europas. Hier hecheln noch die Zungen nach Publicity und kostenloser Werbung. So ein Loblied über das heimatliche Reich und all seine Herrlichkeiten zieht Urlaubsströme an. Kein Wunder, daß die Hoffnung auf Devisen die Fluggesellschaften anpeitschte. Was ist da schon ein popliger Freiflugschein?

EL AL (Israel) wollte gerne mit einer einseitigen Anzeige in deinem Buch abgedruckt werden. Okay, mit ihrem Brief haben sie jetzt eine! Damit ist ja alles klar. — Jedenfalls dürfte dein regulärer Urlaub kaum reichen, um sämtliche Reisen abzuturnen. Malaysia ist nächstes Jahr dran, weil für 1985 die Journalistenflüge voll sind.

Aber wenn du trotzdem sofort auf eigene Kosten fliegst, werden Unterbringung und Transport im Land gestellt. Muß eine irre Situation sein, in Frankfurt zu stehen und sich zu fragen: Düst du nun nach Israel, Malaysia oder Tunesien? — Nur die Sache mit Pakistan mußt du noch mal überdenken.

Die Ecke für den Statistiker

versendete Briefe	gelieferte Waren	Verkaufswert
10	Linienflüge*)	DM 10 000*)

4.7 (Noch) nicht geschriebene Briefe

Ein sahniges Gefühl. Genußvoll lehnst du dich im Sessel zurück. Schlürfst den Rotwein, steckst 'ne neue Fluppe an.

Für einen Moment bist du überzeugt, alle Branchen über den Tisch gezogen zu haben. Willst dir selbst anerkennend auf die Schulter klopfen und ein »Bravo Brockmann« murmeln.

Aber schon hörst du wieder die Stimme vom kleinen Mann im Ohr: »Hey, Tommi, wach auf! Von wegen das Spiel ist ausgereizt. Da ist noch echt was drin!« —

Und richtig. Die Zockerfahrt könnte beliebig fortgesetzt werden. Nicht mal ein Zehntel der interessanten Warengruppen hast du abgegriffen. Aus Genugtuung wird Aktivität. Eine Idee jagt die nächste. Nicht nur bislang »unberührte« Branchen fallen dir ein. Auch die entsprechenden Briefe hast du vor Augen.

Allein in Deutschland könntest du über Jahre diese Masche reiten.

An die Hersteller von Babynahrung

Liebe Leute!

Ja, nun ist es also passiert. In den nächsten Wochen werde ich Vater. Wie heißt es doch so schön: »Vater werden ist nicht schwer (stimmt!) — Vater sein dagegen sehr.« Um dem zweiten Teil dieser Behauptung gerecht zu werden, will ich mich jetzt ins Zeug schmeißen. Momentan bin ich nämlich noch ziemlich unerfahren. Aber trotzdem engagiert! Da ich meinen Beruf zu Hause ausüben kann, werde **ich** voll in die Säuglingspflicht genommen. Nun können Sie mir vielleicht ein bißchen auf die Sprünge helfen. Wie ich nämlich aus gut unterrichteten Kreisen erfahren habe, sollen Sie ja Fachmann/Frau auf diesem Sektor sein.

Was haben Sie denn so an Babynahrung anzubieten? Kann mein Sproß mal ein paar Muster probieren? Sonst kaufe ich das ganze Sortiment, und nachher bleibt die Hälfte stehen. Wäre doch schade! Und anhand der Proben wüßte ich gleich, mit welchen ausgewählten Geschmacksrichtungen ich meinen Nachfahren verwöhnen kann.

Mit jungväterlichem Gruß!

An die Hersteller von Babywindeln

(Alternativ für den zweiten Absatz des letzten Briefes)

Was haben Sie denn so an Windeln anzubieten. Könnte ich mit meinem Sproß mal ein paar Muster ausprobieren? Sonst kaufe ich die Windeln, und nachher gibt's unnötiges Geplärre. Als verantwortungsbewußter Vater will ich schließlich nichts falsch machen. Und nach so einem Windeltest wüßte ich gleich, welche Ihrer Marken am besten zum Po meines Kindes paßt.

Mit jungväterlichem Gruß

Seifen (flüssig und fest) sowie Haarshampoo

Sehr geehrte Damen und Herren!

Als freier Handelsvertreter betreue ich seit kurzem auch eine Vielzahl exklusiver Freizeitzentren und Saunaclubs in Norddeutschland (Schleswig-Holstein, Hamburg, Nord-Niedersachsen). Aufgrund verschiedener Anfragen möchte ich jetzt mein Angebot um Shampoos und Seifenspender ausweiten und Sie um ein bemustertes Angebot entsprechender Großpackungen bitten. Darüber hinaus benötige ich die Mindestbestellmengen und Abnahmekonditionen Ihrer Artikel.

Mit bestem Gruß!

Hersteller von Katzenstreu und Tiernahrung

Liebe Tierfreunde!

Was ich Ihnen erzähle, bitte ich streng vertraulich zu behandeln.

Wir sind zwei ältere — aber keineswegs ewige — Studenten, die aus dem Geltungsbereich des BAFöG bereits herausgewachsen sind. Nun müssen wir unser Studiengeld leider aus eigenen Mitteln rekrutieren. Zu diesem Zweck gurken wir seit zwei Jahren allabendlich mit einem umgebauten Ford Transit durch diverse Wohngebiete und verkaufen Eis.

Übrigens ein sehr erträgliches Geschäft.

Was Eis mit Katzenfutter zu tun hat? Ganz einfach: Die Sache läuft nur im Sommer. Und jetzt kommt's! Ab Herbst wollen wir auch Katzenstreu und Tiernahrung jeder Art im Haus-Zustell-Service vertreiben. Durch unseren Eisverkauf machen wir auch schon ordentlich Mundpropaganda dafür. Die Resonanz ist toll! Sie glauben gar nicht, wie viele Hunde- und Katzenhalter es in Hamburg gibt.

Kurzum, wir wollen unser »Winterrevier« abfahren und erfragen, welche Mengen und Artikel benötigt bzw. gewünscht werden. Dazu brauchen wir ein bemustertes Angebot von Ihnen. Damit die Tierliebhaber sehen, daß wir nicht irgendwas verkaufen.

Also noch mal: 1) Preisliste für uns (inkl. Rabattstaffel)

2) Mindestbestellmenge

3) Empfohlene Verkaufspreise

4) Muster

In Erwartung auf eine fruchtbare Geschäftsbeziehung.

Hochachtungsvoll

Haarshampoo und Haarfestiger

Sehr geehrte Damen und Herren!

Eigentlich bin ich ja Biologe und habe mit Haarkosmetik bislang wenig — um nicht zu sagen gar nichts — zu tun gehabt. Nun habe ich im Zusammenhang mit einer völlig anderen Forschungsarbeit festgestellt, daß sich bestimmte Pheromone (sexuelle Duft/Lockstoffe) in einer besonderen Reinsubstanz binden lassen. Nun möchte ich mit Hilfe einer Testreihe untersuchen, ob die libidinöse Wirkung auf die männliche Population in einem Haarfestiger und eventuell sogar in einem Shampoo aufrechtzuerhalten ist. Erst nach dieser zweiphasigen Versuchsreihe (mit 50 Probanden/Laufzeit 14 Tage) ist ein weitergehendes Projektgespräch mit Ihrer Geschäftsleitung sinnvoll. Daher wäre ich Ihnen zunächst für die Zusendung von jeweils 40 Flaschen Haarfestiger und -shampoo (bis Ende August) dankbar.

Mir ist klar, was in Ihrem Kopf vorgeht: Entweder ist es totaler Schwachsinn oder eine Sensation. Das Zweite ist richtig, und deshalb verlasse ich mich auf ihre Diskretion.

Mit vorzüglicher Hochachtung!

Hersteller von Tennisschlägern

Betrifft: Reklamation des beigefügten Tennisschlägers

Sehr geehrte Damen und Herren,

Obwohl ich mich wegen einer Reklamation an Sie wende, möchte ich mich zunächst bei Ihnen bedanken. Nachdem ich anfangs einige Schwierigkeiten in der Wahl des geeigneten Tennisschlägers zu bewältigen hatte, habe ich meine Ansprüche mit Ihrem Fabrikat erfüllen können. So setze ich seit langem drei Schläger dieser Marke ein. Denn als Ranglistenspieler bleibt eine extreme Beanspruchung nun mal nicht aus.

Zu meinem großen Erstaunen stellte ich jedoch letzte Woche nach einem Aufschlag plötzlich fest, daß der Schläger am Kopfteil gerissen ist. Diese Beschädigung ist mir unerklärlich und übrigens erstmalig aufgetreten. Insbesondere wegen der bisherigen positiven Erfahrungen mit diesem Schläger bin ich davon überzeugt, daß es sich um einen Materialfehler handelt. Ich hoffe, daß Sie für meine Haltung Verständnis haben. Aber da es mitten im Match passierte und keinerlei ungewöhnliche Einflüsse einwirkten, bin ich mir ziemlich sicher.

Aus diesem Grunde möchte ich Sie höflich bitten, die Beschädigung zu prüfen. Da ich mir keiner Schuld bewußt bin, und sicherlich im Umgang mit Rackets einigermaßen geübt bin, wäre ich Ihnen für einen Ersatzschläger dankbar.

Mit sportlichen Grüßen

Ökoprodukte, Müsli, biologisches Waschmittel, Bio-Kosmetik
(natürlich auf Recycling-Papier)

Betrifft: Bemusterung/Ökoladen

Liebe Freunde!

Nun habe ich extra Landwirtschaft studiert, um mich von dem konsumorientierten Großstadt-Gehabe abzukehren. Immer das Ziel vor Augen, endlich ein Leben zu führen, das unser Gleichgewicht der Natur nicht belastet. Und so zieht man sein Examen durch, und dann stellst du plötzlich in der Praxis fest, daß gerade Landwirte unser Ökosystem so sträflich schänden. Wer will da noch an die Vernunft im Menschen glauben?

Aus dieser Enttäuschung heraus haben sich ein paar Freunde zusammengeschlossen und einen kleinen Bauernhof nördlich von Hamburg gepachtet. Hier werden 50 Hektar Acker- und Weidefläche ohne mineralischen Dünger und Pestizide biologisch-dynamisch bewirtschaftet.

Da fast alle Waren direkt verkauft werden, wollen wir in Hamburg einen Naturkostladen eröffnen. Hier sollen aber nicht nur eigene Produkte verkauft werden. Deshalb möchte ich Euch bitten, uns einige Muster .... zu schicken, um festzustellen, ob wir sie in unserem Laden auch anbieten können. Ach ja, und schickt uns neben den Mustern bitte eine Preisliste.

Bis die Tage!

Tafel VII: Wie man's falsch machen kann.

Falsch: nicht das richtige Papier

Bommerlunder GmbH

W.Schmitz
Arbeitsloser
Bahnhofstr.38

Liebe Bommerlunder-GmbH,
als staatlich anerkannter Arbeitsloser hatte ich letztlich
eine scharfe Idee:bei einem Um-
trunk mit Freunden in meiner
Stammkneipe kam außer Stimmung
auch die Frage auf,wieviele
Flaschen Bommerlunder wohl in
einen einzelnen Menschen gehen.
In einem Mehr-Personen-Selbst-
Versuch möchte ich nun beweisen,
daß mindestens 4 Flaschen pro

Falsch: nicht der richtige Aufhänger

Hänkel&Co
Secktkellereien

W.Schmitz
frielänzer
Bahnhofstr.38

Meine Herren,
Als trentbewustes Kreatiftiem
wollen wier erfolgfersprechen-
de Marktnieschen besetzen.Wier
planen in exklusiver eksponirter
Lage einer Gurmee-Treffs (im
fast-fuud-Prinziep) zu eröf-
nen.Im Sinne unserer Konzep-
zion beschrenken wier uns be-
wust auf die Zihlgruppe der
Gescheftsleute und gehohbenen

Falsch: nicht die richtige Orthographie

Lacroix
Fertiggerichte

W.Schmitz
Bahnhofstr.38

Also,Leute,
find ich zwar voll Scheiße,daß
Ihr immer noch Schildkröten killt
für Eure Suppen,aber Euer "coq au
vin" ist immer noch erste Sahne,
muß man Euch lassen.Meine Freundin findets zwar pervers,aber mir
schmeckts immer noch am besten
kalt auf 'ner Schnitte Schwarzbrot.
Schonmal probiert?Egal,ich fänd's
jedenfalls echt geil,wenn Ihr mir
so Stücker zehn Dosen davon abtre-

Falsch: nicht der richtige Ton

Deutsche Bank

W.Schmitz
Studienrat
Bahnhofstr.38

Liebe Deutsche Bank,
im Zuge meines Gemeinschafts-
kunde-Leistungskurs-Themas
"Geld regiert die Welt"möchte
ich meinen Adepten die Grund-
lagen des int.Währungskreis-
laufes näherbringen.Nun wurde
mir von der Schulbehörde das
nötige Anschauungsmaterial
hartnäckig verweigert.Daher
meine Bitte:könnten Sie mir
25(druckfrische)5ooDM-Scheine,
2ooo DM in kleinen Scheinen,so-
wie Hartgeld im Wert von etwa

Falsch: nicht die richtige Glaubwürdigkeit

Peter Loddel
Venus-Bar
Geschäftsführer

W.Schmitz
Bahnhofstr.38

Lieber Herr Loddel,
es klingt vielleicht verrückt,
aber ich habe mir nun mal vorgenommen,ins GUINESS-BUCH DER
REKORDE zu kommen.Dabei interessiert mich die Frage,wievie-
le Geschlechtsakte ein gestan-
dener Mann in den besten Jah-
ren(28)innerhalb von 5 Stunden
vollziehen kann.Meine Frage:
wären Sie bereit,mir Ihr Eta-
blissement samt Personal kostenlos zur Verfügung zu stellen und zwar am 26.Juni,um 19⁰⁰

Ganz falsch: nicht die richtige moralische Reife

132

5.1 Porno-Videos: Wenn einem soviel Schönes wird beschert...

Wie ein Geier auf Höhenflug kreist du über der deutschen Wirtschaft. Welche Branche ist als nächstes fällig? Niemand wird verschont. Du lechzt nach Beute.

Ja, Sex ist ein gefundenes Fressen. Das ewig aktuelle Thema.

In deinen Horst zurückgekehrt, schmiedest du einen neuen Brief. Was braucht denn der Mann von Welt heute? Der Stapel geliehener Playboys auf dem Nachttisch reicht längst nicht mehr. Da sind Porno-Videos eine echte Bereicherung. Damit läßt sich dem Damenbesuch beweisen, daß man ein irrer Typ ist. Bloß keinen Schulmädchen-Report 27. Teil. Das wäre schon wieder ein Image-Verlust.

Du bestellst dir den Jahres-Videokatalog. Blätterst, suchst die einschlägigen Firmen raus. Die mit den deftigen Sexstreifen. Ja, der coole Mann braucht harten Sex.

Die kreative Strategie

Diplomingenieur Thomas Brockmann 2000 Hamburg & Partner 0 40

Beate Uhse-Video
– Geschäftsleitung –
Gutenbergstraße 12

2390 Flensburg

Sehr geehrte Herren,

als Freelancer und Promoter bin ich mit den Vorbereitungen einer bundesweiten Promotion-Aktion für ein internationales Herren-Magazin beschäftigt. Aufgabenstellung ist, einen Video-Preis für Erotik-Filme in Deutschland zu etablieren.

Nicht nur die „Goldene Kamera", sondern mittlerweile auch eine Vielzahl an Video-Auszeichnungen wurden in der Bundesrepublik institutionalisiert. Während seit Jahren in Amerika auch für pornografische Filme „Oscars" verliehen werden, gibt es bislang keine vergleichbare Auszeichnung in Deutschland. Diese Lücke wollen wir schließen und uns damit profilieren.

Geplant ist die Aktion für Herbst/Winter dieses Jahres. Dabei sollen Produktion, Regie, Darsteller und anbietende Verleihfirma ausgelobt werden. Um das Projekt in der Vorphase ungestört prüfen zu können, möchte die Zeitschrift vorerst ungenannt bleiben.

Zur Vorauswahl bitten wir Sie, uns Ihre jeweils in Frage kommende Porno- und/ oder Hardcore-Kassette (aus jedem Sektor jeweils nur eine!) zu übersenden. Es sollte sich dabei um eine U-Matic oder VHS-Kassette handeln. Bitte benennen Sie für spätere Fragen den zuständigen Ansprechpartner und teilen uns mit, ob Ihre Firma bereit wäre, sich für eine Preisverleihung zur Verfügung zu stellen.

Da wir uns noch im Stadium der Vorbereitung befinden, möchten wir zunächst die Präsentation vor der Redaktions- und Verlagsleitung abwarten, bevor wir direkten Kontakt zu Ihnen aufnehmen.

In der Hoffnung, daß Sie mit diesem Ablauf einverstanden sind, verbleiben wir

mit freundlichen Grüßen

PER EINSCHREIBEN

Herrn
Thomas Brockmann
▰▰▰▰▰▰▰▰▰▰
2000 Hamburg ▰▰

Vertriebsgesellschaft
RCA/Columbia Pictures Video
GmbH & Co. KG
Osterstraße 116
2000 Hamburg 20
Telefon (040) 4902–1
Telex 2164193 rcol

⌐   ⌐   Datum 06.03.1985

Betr.: Ihr Schreiben vom 27.02.1985

Sehr geehrter Herr Brockmann,

vielen Dank für Ihr Schreiben vom 27. Februar 1985.

Gern würden wir uns mit unseren Erotik-Filmen an dieser
Aktion beteiligen.

Die beigefügten Leih-Kassetten "Dona Flor und ihre zwei
Ehemänner" und "Lady Chatterley's Liebhaber" werden wir
ab März/April d.J. als Kaufkassetten anbieten. Unverbind-
liche Preisempfehlungen: DM 99,-- für "Lady Chatterley's
Liebhaber" und DM 49,-- für "Dona Flor und ihre zwei Ehemänner".

Für spätere Fragen steht Ihnen Herr Christian T. Sommer,
unser Marketing Manager, zur Verfügung.

Wir würden uns freuen, bald mehr über diese Aktion zu
erfahren und verbleiben bis dahin

mit freundlichen Grüßen

RCA/Columbia Pictures Video
- Marketing Assistant -

Anlage

1 VHS-Kassette "Dona Flor und ihre zwei Ehemänner"
1 VHS-Kassette "Lady Chatterley's Liebhaber"

Bankkonto: Dresdner Bank AG, BLZ 200 800 00, Konto-Nr. 4 372 700 00, Postscheckamt Hamburg, BLZ 200 100 20, Nr. 3253-200
Geschäftsführer: Wolf-D. Gramatke · Handelsregister HRA 78 853 Amtsgericht Hamburg

Beate Uhse-VIDEO

Beate Uhse-VIDEO · Germany · Postfach 29 55 · D-2390 Flensburg

DIPLOMINGENIEUR
THOMAS BROCKMANN U. PARTNER
███████████████

2000 HAMBURG ██

Zentrale + Verkauf

Beate Uhse-VIDEO · Gutenbergstraße 12
Postfach 29 55 · 2390 Flensburg
Telefon 0461 / 809-277 und 809-206
Telex 17-461307 · Teletex 461307═Beate
Telecopy 0461 / 9 86 13
Bank: Landkreditbank Flensburg
Kto.-Nr. 4 333 950 (BLZ 215 603 99)
PGiro Kto. 5503 66-202 (BLZ 200 100 20)
PGiro Amt Hamburg

R E C H N U N G

			KUNDEN-NR	RECHN-NR	DATUM
			816000	51068657	2.08..8
ARTIKEL	MENGE	BEZEICHNUNG		PREIS	BETRA
		VERANLAßT DURCH FRAU ████████			
0300521	1	FANTASY VHS		STCK	
0301151	1	EXZESSE IN L.A. VHS		STCK	

VERTRIEBSBESCHRÄNKT NACH DEM GESETZ ÜBER DIE
VERBREITUNG JUGENDGEFÄHRDENDER SCHRIFTEN

Nichts hat die Video-Branche gelernt.

Seit Monaten ist sie wegen ihrer Hardcore- und Zombie-Filme im Kreuzfeuer von Politik und Presse. Sogar das Jugendschutzgesetz wurde wegen des Kassetten-Verleihs an Jugendliche verschärft. Und dann kriegst du geballten Sex frei Haus geliefert. Auf eine simple schriftliche Anfrage hin. Einfach ein bißchen von amerikanischem Oscar und Preisverleihung blubbern, schon sind die Porno-Freaks gefügig. Ohne Überprüfung deiner Person oder Altersbegrenzung bei der Postzustellung.

Als ob kein 16- oder 17jähriger dazu fähig wäre, oder den Brief schreiben lassen könnte.

Du betrachtest den Stapel Hardcore-Videos vor dir. Denkst an dein Versprechen, keine Waren zu behalten. Aber wem willst du sie spenden, falls keiner sie zurückhaben will?

Krampfhaft überlegst du, welche wohltätige Institution für deine Pornos geeignet wäre. Ein Seniorenheim ließe sich damit zwar auf den Kopf stellen. Aber würde diese Schenkung als wohltätiger Zweck anerkannt werden? Und als Schulungsmaterial bei der Bundeswehr? Auf jeden Fall würde damit das Hängolin im Nato-Kaffee wirkungslos.

Die Ecke für den Statistiker

versendete Briefe	gelieferte Waren	Verkaufswert
10	6 Kassetten	DM 600,—

5.2 Sexpuppen: Federnde Lust mit attraktiven Schwingungen

Also die Pubertät hast du gerade abgeschlossen und bis zu den Wechseljahren sind noch ein paar Tage Zeit. Aber bist du nun verklemmt, prüde, unerfahren — nur weil du bisher keine Sex-Gummipuppe gesehen, geschweige denn befummelt hast?

Zugegeben, neugierig bist du schon, wie so eine Aphrodite in Plastik gestaltet ist. Schwierig wird allerdings die Beschaffung der Hersteller-Adressen. In den gelben Seiten der Bundespost und in deiner Branchen-Bibel stehen sie jedenfalls nicht.

Du kommst auf eine griffige Idee. Für jeden Plunder gibt es in Deutschland Messen. Bestimmt auch für Sexartikel. Einmal kurz in der Redaktion eines Pornoblattes angerufen.

Deine Vermutung wird bestätigt. Veranstalter ist die Fachsex-Messe-Gesellschaft in Hamburg 19, Eichenstraße 24.

Nochmal zwei Groschen investieren und 49 94 41 wählen: »Jawoll, wir schicken den Katalog gleich raus. Selbstverständlich.« —

Zwei Tage später hältst du das heißeste Adressenverzeichnis Deutschlands in den Händen. Wißbegieriges Blättern im Register. Du traust deinen Augen nicht, als du über eine Artikelbeschreibung stolperst: »Damenslips als sexualtherapeutische Hilfsmittel zur Erzeugung eines Pseudo-Orgasmus.«

Fehlt nur noch der Zusatz »von Stiftung Warentest empfohlen«. Dann wäre der Schwachsinn wenigstens perfekt. —

Unter dem Stichwort Gummiwaren findest du fünf Firmen. Ob die Jungs für ein paar Zeilen die Puppen tanzen lassen?

Die kreative Strategie

Diplomingenieur
Thomas Brockmann 2000 Hamburg
& Partner   0 40

BIMEX Handelsgesellschaft mbH
– Geschäftsleitung –
Postfach 61 20

6050 Offenbach/M.

Sehr geehrte Herren,

als freiberuflicher Werbeberater bin ich mit den Vorbereitungen einer Promotion-Aktion für ein internationales Herren-Magazin beschäftigt. Aufgabenstellung ist, für ausgewählte Abonnenten ein Give-Away zur Steigerung der Leser-Blatt-Bindung einzusetzen. Die Promotion ist für Herbst dieses Jahres geplant, wobei als Incentive ca. 500 sexuell ansprechende Gummipuppen über eine Preisverlosung ausgelobt werden sollen.

Ende März/Anfang April soll entschieden werden, welches Unternehmen mit der Produktion beauftragt wird. Daher möchten wir Sie um eine Bemusterung einer hochwertigen, aufblasbaren Gummipuppe bitten. Darüber hinaus wird eine Kalkulation benötigt, die sich auf folgende Abnahmemengen bezieht: 300, 500 und 750 Exemplare. Außerdem möchten wir erfragen, ob das Bedrucken eines Labels „FÜR HEISSE STUNDEN" (ca. 3 x 4 cm; 2-farbig) möglich ist.

Da wir uns noch im Stadium der Vorbereitung befinden, möchten wir zunächst die Präsentation vor der Redaktions- und Verlagsleitung abwarten, bevor wir direkten Kontakt zu Ihnen aufnehmen.

In der Hoffnung, daß Sie mit diesem Ablauf einverstanden sind, verbleiben wir

mit freundlichen Grüßen

BIMEX Handelsgesellschaft mbH

POSTFACH 6120 · SELIGENSTÄDTER STRASSE 153a · 6050 OFFENBACH A. M.
FEDERAL REPUBLIC OF GERMANY – RÉPUBLIQUE FÉDÉRALE D'ALLEMAGNE

Diplomingenieur
Thomas Brockmann & Partner
~~████████████~~

2000 Hamburg ~~██~~

Bankkonten:
Deutsche Bank AG, Offenbach/Main
(BLZ 505 700 18) Kto.-Nr. 1 424 001
Städtische Sparkasse, Offenbach/Main
(BLZ 505 500 20) Kto.-Nr. 1 041 770

Postscheckkonten:
Frankfurt/Main Kto.-Nr. 30 419 - 602
Hamburg Kto.-Nr. 51 138 - 207

Telefon: 06 11 〈069〉 89 21 98 - 89 20 72
Telex: 4 152 635 bmx d

Ihr Zeichen	Ihre Nachricht vom	Unser Zeichen	Datum
	06.03.1985	HB/KI	13.03.1985

Sehr geehrte Herren,

Vielen Dank für Ihr Schreiben. Wie gewünscht übersenden wir Ihnen
per Postpaket ein Muster unserer Puppe "FANCY DOLL MISS MARY".

Bei einer Abnahme von 1.200 Stück ist unser äußerster Netto-Preis
DM 99.50 netto per Stück, ÷ MWS. Die·Lieferung erfolgt frei
Hamburg.

Ein Bedrucken der Puppe, die aus Japan kommt, wird sicher nicht so
leicht sein. Dennoch sind wir bereit, die Frage mit unserem Hersteller zu prüfen. Wie stellen Sie sich dieses vor, welcher Text,
in welcher Form und Ausführung und wo?

Am einfachsten und wenig kompliziert wäre es sicher, den Karton
mit einem Etikett zu versehen. Dieses Etikett könnte hier hergestellt
werden.

Wir sehen Ihren weiteren Nachrichten mit Interesse entgegen.

Mit freundlichen Grüßen

BIMEX Handelsgesellschaft mbH

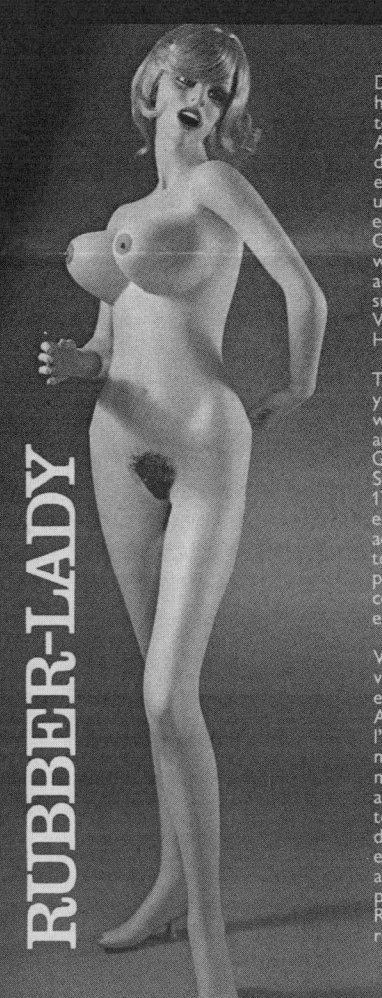

Damenbesuch ist angekündigt.

Es klingelt an der Haustür. Schnell noch den Scheitel nachziehen und husch-husch nach vorne.

Da ist sie ja: Fancy, mit vollem Namen Fancy Doll Miss Mary. Der Onkel in der Postuniform hat sie persönlich an deine Tür gebracht.

Zuvorkommend und wohlerzogen hilfst du ihr aus dem Karton. Das Mädchen scheint noch etwas verschlossen zu sein. Leidet offensichtlich an Luftmangel. Naja, das läßt sich abstellen. Trotz Raucherlunge bringt dein Atem sie wieder in Form. —

Du bist hin- und hergerissen zwischen schallendem Lachen und ungläubigem Kopfschütteln. Beim besten Willen, so betrunken kannst du gar nicht sein, um diese Plastikpuppe zu begrapschen.

Gleichzeitig ist es irgendwie ernüchternd. Welche Männerträume und Frustrationen sind bloß nötig, um auf diese Nummer abzufahren. Und die Puppen sind keineswegs billig. Immerhin 415 Mark kostet zum Beispiel die Rubber-Lady.

So richtig abstoßend wird es erst, als du im Prospekt blätterst; oder solltet du lieber Betriebsanleitung dazu sagen? An Phantasie traust du dir eine Menge zu. Aber bei dieser Produktbeschreibung kannst du nur noch die Ohren anlegen und staunen. Schon beim Durchlesen des Textes kann einem speiübel werden.

Da fällt dir nur noch Klaus Lage ein: 1000mal berührt — 1000mal ist nichts passiert. 1000 und eine Nacht und es hat Zoom gemacht — die Plastik-Lola ist geplatzt.

Der Versuch, sie als Heliumballon im Stadtpark steigen zu lassen, ist kläglich gescheitert.

Die Ecke für den Statistiker

versendete Briefe	gelieferte Waren	Verkaufswert
8	5 Puppen	DM 800,—

5.3 Präservative:
Wir helfen l(i)eben

Eigentlich stehst du ja nicht auf Lümmeltüten. Das einzige, an das sie dich erinnern, sind pubertäre Albernheiten: Über den Mofa-Auspuff ziehen und auf den Knall warten. Oder mit Wasser füllen und auf den Schulhof werfen. Aber das sind sicher keine geeigneten Geschichten, um die Kondom-Industrie über den Tisch zu ziehen. Da mußt du schon voll auf die Tube drücken. Den Macker-Macho-Typ spielen. Einmal noch wird Alice Schwarzer dir den Chauvie hoffentlich gestatten.

Thomas Brockmann
Diplomingenieur

xxxxxxstraße xx
2000 Hamburg xx

London Rubber Company GmbH
– Vertrieb –
Am Woltershof 46

4050 Mönchengladbach

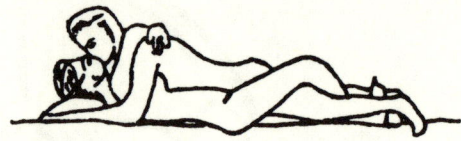

Nicht vergessen!!

Liebe Geschäftsfreunde,

nennen wir das Kind doch beim Namen. Seit kurzem bin ich Mitinhaber
zweier Bordelle und eines Sauna/Massage-Salons. Im Zuge einer neuen
Aufgabenverteilung werde ich jetzt den gesamten Einkauf erledigen.
Um die Mädels zu entlasten, sollen auch Präservative in Großmengen
zentral bezogen werden.

So brauchen wir einen zuverlässigen Lieferanten für regelmäßige Abnahmen.
Bei derartigen Mengen erwarten wir natürliche einen entsprechenden Rabatt.
Deshalb schicken Sie uns bitte eine Preisliste sowie eine Bemusterung Ihres
Sortiments an Kondomen; insbesondere der Spezialausführungen. In jedem
Fall müssen die Lümmeltüten aber eine geprüfte Qualität haben. Denn Pannen
können wir uns in diesem Gewerbe nicht erlauben. Soweit für heute.

Lang lebe der HWG-Typ.
In diesem Sinne

LONDON RUBBER COMPANY GMBH
DEUTSCHLAND

angeschlossen an die
LRC International Gruppe

LRC · Postfach 434 · 4050 Mönchengladbach 1

Herrn
Thomas Brockmann
██████████████

2000 Hamburg ██

Am Woltershof 46
4050 MÖNCHENGLADBACH 1

Kunden-Nr.
bitte stets angeben:

Ihr Zeichen	Ihre Nachricht vom	Unser Zeichen	Datum
	15.4.85	Kl/In	17. April 1985

LONDON-MARKENPRÄSERVATIVE

Sehr geehrter Herr Brockmann,

vielen Dank für Ihre Anfrage vom 15. April 1985.

Zu Ihrer Information erhalten Sie beigefügt unseren Prospekt
LONDON-Markenpräservative, der Ihnen eine Übersicht über das
gesamte Lieferprogramm gibt. Ferner fügen wir die derzeit
gültige Preisliste bei.

Für das von Ihnen genannte Gewerbe offerieren wir speziell

      LONDON-Markenpräservative
        - LOSE WARE -

Die entsprechende Preisliste sowie einige Muster dieser Ware
haben wir ebenfalls beigefügt.

Mit freundlichen Grüßen
LONDON RUBBER COMPANY GMBH

<u>Anlage</u>
Einzelhandels-Preisliste
Prospekt
Preisliste lose Ware
Muster lose Ware

Telefon (02161) 662038
Telex 852733
Bankkonto Dresdner Bank AG, Mönchengladbach (BLZ 31080015) 9055915
Postscheckkonto Köln (BLZ 37010050) 186027-506

Geschäftsführer: Dr. H. Storandt
Eingetragen unter Nr. HRB 41 beim Amtsgericht Mönchengladbach

LRC LONDON RUBBER COMPANY GMBH · DEUTSC:
4050 MÖNCHENGLADBACH 1 · AM WOLTERSHOF 46 · TELEFON (02161) 66 20 38 O · TEL
Wir sandten Ihnen heute:

Datum: 22.4.1985/In   Lieferschein   0396

Firma Herrn Dipl.-Ing. Thomas Brockmann

2000 Hamburg

Pos.	Anzahl Kartons	Rechnungs-einheit	Art.-Nr.	Kurzbezeichnung
1				
2	1	Päckchen	GEFÜHLSECHT 2er	
3	1	"	SICHER 2er	
4	1	"	PERGENOPPT 2er	
5	1	"	SICHER PLUS 2er	
6	1	"	NOY-FORM 1er	
7				

– Muster ohne Berechnung –

Kondom-Test

Für die Benutzer von Kondomen möchten wir
darauf hinweisen, daß die *Stiftung Warentest* 1983
zwölf gängige Marken getestet hat. Von diesen erhielt ein Drittel nur das Gesamturteil *mangelhaft*
oder *sehr mangelhaft*. Insbesondere die Dichtheits-
prüfung fiel bei einigen Marken katastrophal aus.
Keine der übrigen Kondommarken erhielt ein *sehr
gut*, dafür aber 50 % der untersuchten ein *gut*. Wer
die genauen Ergebnisse nachlesen will, bestelle bei
der *Stiftung Warentest* die Zeitschrift *test* Nr. 8,
(August) 1983, zum Preis von DM 5,-.

Kondome

Daß Zuhälter sozial denken, »um die Mädels zu entlasten«, ist dir neu. Schließlich handelt es sich um eines der brutalsten Gewerbe. Ebenso ist ein Preisbewußtsein bei Lümmeltüten Schwachsinn. Kosten die Überzieher doch nur Groschenbeträge. Aber das loddelhafte Auftreten hat dir die Kondom-Industrie voll abgekauft.

Alle spurten und lieferten prompt. Sogar aus England kamen Spezialausführungen. Nur London Rubber machte zunächst Zicken. Schickte die Firma doch nur lose Ware. Da gab es tierisch Rabatz, und in einem bitterbösen Brief hast du nachgeordert. Schließlich wolltest du das ganze Sortiment haben. Postwendend kam es.

Mit der Neugier eines 14jährigen betrachtest du die Beschriftungen auf den kleinen Schächtelchen. Liest von Streifen, unterschiedlicher Farbausführung, Sicherheitsbeschichtung, Konturenform, Perlnoppen und Verzögerungseffekt. Unwillkürlich denkst du an die Auto-Industrie: ABS-System, gegen Aquaplaning und mit Sicherheitsprofil. Manchmal scheint der Übergang vom Phallus zum Auto fließend zu sein. — Nach dieser Briefaktion kannst du jedenfalls deine Visitenkarte um einen Titel erweitern: Th. Brockmann, Landwirt und industriell anerkannter Zuhälter.

Die Ecke für den Statistiker

versendete Briefe	gelieferte Waren	Verkaufswert
8	85 Kondome	DM 23,75

Tafel VIII:
Was man mit Kondomen alles machen kann. Einige Vorschläge.

Originell: zum Kindergeburtstag

Praktisch: zur Babypflege

Elegant: zur Dinerparty

Illegal: zur Vermummung

Hygienisch: als Klarsichtbeutel

Klasse: zum Vögeln

VI UNMÖGLICHES

6.1 Anti-Baby-Pillen: Für eine sichere Familienplanung

Bis zum Türscharnier ist dein Keller mit Paketen gefüllt. Entweder gibst du dich mit dem Ergebnis zufrieden, oder du mietest einen neuen Keller. Aber irgendwie spukt es noch in deinem Hirn, kribbelt es in deinen Fingern.

Bisher verlief die Aktion wie erwartet. In der Hoffnung auf einen guten Handel schickten dir die Hersteller Muster. Für Unternehmen poplige Warenwerte. Ein ganz normales Geschäftsgebaren mit kalkuliertem Risiko. — Du hast auf Geschäftsmann gemimt, von einem geplanten Super-Auftrag gemurmelt und ordentlich abgesahnt. Wer will dir schon beweisen, daß du nicht tatsächlich die einzelnen Sachen planst. Nebenberuflich kann man ja fast alles, sogar Bücher schreiben.

Jetzt willst du es auf die Spitze treiben. Branchen anknabbern, die dir gar nichts schicken dürfen. In eiskalter Erwartung einer Bauchlandung schnitzt du an deinem nächsten Brief.

Thomas Brockmann
Diplomingenieur

2000 Hamburg XX
XXXXXXXstraße XX
Tel.: 0 40/X XX XX XX

ORGANON GmbH
— Geschäftsleitung —
Postfach

8042 Oberschleißheim

Warensendung für Versuchszwecke

Sehr geehrte Damen und Herren,

für Ende April planen wir an der Universität Hamburg, einen 3-phasigen Tier-
versuch mit Mäusen zum Thema Empfängnisverhütung mit Sexualhormonen.
Aufgabenstellung ist eine differenziert betrachtende Analyse hormoneller
Ovulationshemmer — unter besonderer Berücksichtigung multifaktoreller
und korrelativer Wirkungen von Östrogen und Gestagenen. Bei dem 4-wöchi-
gen Kleintierversuch sollen allein die Wirkstoffkombinationen von Ein-Phasen-,
Zwei-Stufen- sowie Zwei-Phasen-Präparaten vergleichend analysiert werden.
Es handelt sich also nicht um einen Produkt-Test. Diese Forschungsarbeit
wird für drei Kommilitonen das grundlegende Datenmaterial für ihre Diplom-
arbeit bilden.

Da ich mit der Assistenz beauftragt bin, besteht meine Aufgabe neben der
Testüberwachung auch in den vorbereitenden Arbeiten. Wie Sie sich vorstellen können, sind die zur Verfügung stehenden Mittel mehr als bescheiden.
Deshalb möchte ich erfragen, ob Sie die Versuchsreihe mit einer Warenlieferung von 5 Packungen 1-Phasen-, 2-Stufen und 2-Phasen-Präparaten
unterstützen könnten.

Selbstverständlich erhalten Sie nach der Auswertung ein Exemplar der
Forschungsergebnisse; auf Wunsch auch eine Quittung für Ihre Buchführung.

In der Hoffnung, daß Sie die Bitte nicht als Unverschämtheit empfinden,
verbleibe ich

mit freundlichen Grüßen

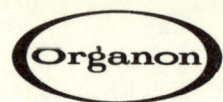

Organon GmbH · Postfach · 8042 Oberschleißheim

Herrn
Thomas Brockmann
Diplomingenieur
████████████

2000 Hamburg ██

Kernzeit im Rahmen der gleitenden Arbeitszeit:
9.00–15.30 Uhr, Freitag 9.00–13.00 Uhr

Ihre Nachricht	Ihre Zeichen	Unsere Zeichen	Tel.-Durchwahl	Oberschleißheim bei München
20.3.1985		Ge-gi	3 15 62 - 2 92	28. März 1985

Warensendung für Versuchszwecke

Sehr geehrter Herr Brockmann,

vielen Dank für Ihr freundliches Schreiben mit der Bitte um Zusendung von fünf
Packungen 1-Phasen-, 2-Stufen- und 2-Phasen-Präparate.

Gern übersenden wir Ihnen unser Kombiantionspräparat M A R V E L O N in
der Hoffnung, Ihnen damit helfen zu können. Mit den anderen Präparaten können
wir Ihnen leider nicht dienen. Die fünf Packungen Marvelon werden Ihnen ge-
sondert durch unsere Vertriebsabteilung zugesandt.

Wir wünschen Ihnen für Ihren 3-phasigen Tierversuch ein gutes Gelingen und verbleiben

mit freundlichen Grüßen

ORGANON GMBH
Med.-wiss.-Abteilung

Sekretariat

Geschäftsführer: Dr. Günter Weiland · Registergericht München, Abt. B, Band 54, Nr. 4166

Telefon	Fernschreiber	Telefax	Postscheck	Banken	Anschrift
(089) Ø 3 15 62 - 1	523 580	(0 89) 3 15 62 - 2 18	München (BLZ 700 100 80) 4 05-805	Deutsche Bank München (BLZ 700 700 10) 0203000 Kreissparkasse München (BLZ 702 501 50) 29 0680 008	Mittenheimer Str. 62 8042 Oberschleißheim bei München

Was hast du denn bloß in deinem Brief geschrieben? Der Text bestand doch ausschließlich aus faulen Worthülsen. Überleg allein mal, wie ungenau der Satz ist »Wir planen an der Universität Hamburg...«:

1. Wer ist Wir?

2. Ist der Briefschreiber bei der Uni angestellt?

3. Ist er ein freier Diplom-Ingenieur, der die Räumlichkeiten der Uni nutzt?

4. Für welche Fachrichtung ist er Diplom-Ingenieur und gibt es diesen Titel im pharmazeutischen Bereich überhaupt?

5. Was heißt geplant: Ist der Versuch genehmigt oder weiß die Uni (noch) gar nichts davon?

Insgesamt also lauter Unklarheiten.

Kein Mediziner stand dir zur Seite. Allein mit Hilfe einer Info-Broschüre vom Schering-Konzern (»Was ein Mann und eine Frau heute über Empfängnisregelung wissen möchten«) hast du den Text verzapft. Daraus stammen die Bezeichnungen 1-Phasen-, 2-Stufen- und 2-Phasen-Präparat. Ebenso der Begriff Ovulationshemmer für Antibabypillen. Von den Mäuseversuchen im Pharmabereich weißt du aus dem Fernsehen. Und die scheinbaren Fachausdrücke sind typisch akademische Verklausulierungen einfacher Sachverhalte: »Multifaktoriell« heißt nur, daß mehrere Eigenschaften eine Rolle spielen. Und »korrelativ« bedeutet, daß einzelne Eigenschaften sich gegenseitig beeinflussen. So ist zum Beispiel die platte Tatsache, daß lange Menschen große Füße haben genauso eine multifaktorielle und korrelative Eigenschaft.

Fassungslos hältst du die fünf Packungen Marvelon in deinen Händen.

Ein rezeptpflichtiges Medikament, das als Muster ausschließlich an Ärzte gegeben werden darf.

Du versuchst, dir die Bedeutung dieses »Erfolges« auszumalen. Stellst dir eine alltägliche Situation vor: Ein 14jähriges Mädchen will mit ihrem Freund schlafen. Die Eltern haben Einwände. Kurzerhand schreibt der Freund einen solchen Brief. Schickt ihn an zehn Firmen nach dem Motto: Einmal wird's schon klappen. Und tatsächlich kriegen sie die Pille.

Kein Arzt hat die spezielle Eignung und Verträglichkeit des Präparates geprüft. Schlimmer noch: Wenn das Mädchen bisher keinen Eisprung hatte, kann es durch diese Pille unfruchtbar werden.

Da kannst du wirklich keinen coolen Spruch mehr ablassen.

Die Bereitschaft, dir Präparate zu schicken, gab es auch von anderen Firmen. Der Schering-Konzern bot zum Beispiel die Reinsubstanzen der Produkte an. Und die pharmazeutische Fabrik Dr. Kade sagte nur ab, weil ihr einziges Medikament »Alfames E« seit 1. Februar nicht mehr verkauft wird.

Nun wolltest du wissen, ob das Marvelon zufällig geliefert worden war. Deshalb schreibst du erneut an die Firma Organon. Sagtest, daß du die angekündigte Sendung nicht erhalten hättest. Ohne Zögern schickte dir Dr. med. K.-H. Geißler nochmal fünf Packungen Antibabypillen.

Traurig, aber wahr.

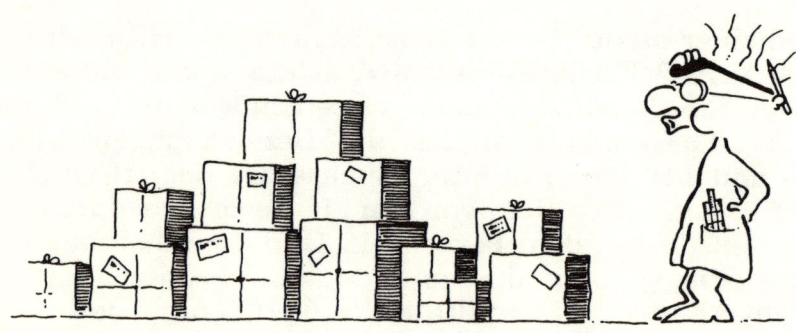

Die Ecke für den Statistiker

versendete Briefe	gelieferte Waren	Verkaufswert
12	10 Packungen	DM 150,—

6.2 Zigaretten: Der Duft der großen weiten Welt

Gerade hast du den 75. Fehlversuch hinter dir. Packst es einfach nicht, vom Glimmstengel loszukommen. Da gibt es nur eins, sich fürchterlich in Aktivitäten stürzen. Den ganzen Frust über deine eigene Schwäche willst du abreagieren. Welche Branche liegt da näher als die Zigarettenindustrie. Der Aufhänger mit dem Unterrichtsmaterial ist dir sowieso ans Herz gewachsen. Den mußt du unbedingt nochmal verbraten.

Sonntag Cigarettenfabrik GmbH
— Presseabteilung —
Simon-Arzt-Straße 1

5303 Bornheim 2

Zigaretten für Unterrichtszwecke

Hochverehrte Geschäftsleute,

die Ansprüche nach pädagogisch und didaktisch hochwertigen Lehrinhalten sind nicht immer ganz einfach zu erfüllen. Sind doch die Restriktionen der Kultur/Schulbehörde zuweilen recht happig. Dem Vorschlag einer Unterprimanerin folgend, möchte ich etwa Ende Mai zwei Doppelstunden im Fach Gemeinschaftskunde dem Tema Tabak widmen.

Dabei möchte ich nicht nur den Tabakanbau theoretisch beleuchten, sondern auch auf das subjetive Geschmacksempfinden als Raucher eingehen (dem auch ich unterliege). Zu diesem Zweck möchte ich einen ,,Blindtest" durchführen, bei dem jeder Schüler Zigaretten und Packungen einer bestimmten Nikotinstärke zuordnen soll. Darüber hinaus sollen die Raucher geschmacklich ermitteln, ob es sich um eine Automaten-Zigarette oder einen handgefertigten Glimmstengel (mit Drehtabak) handelt. Diese außergewöhnliche Erarbeitung des Themas liegt mir sehr am Herzen; wird doch endlich mal versucht, Unterrichtsstoff anschaulich zu vermitteln.

Meine Bitte ist jetzt folgende: Könnten Sie uns eine entsprechende Menge Zigaretten unterschiedlicher Marken aus Ihrer Fabrikation zur Verfügung stellen? Außerdem fehlen mir noch aktuelle Zahlen über die Preisentwicklung der Tabak-Rohware in den letzten 5 Jahren.

Es wäre außerordentlich entgegenkommend, wenn Sie das Interesse der Klasse unterstützen würden. Erfahrungen der Vergangenheit haben leider gezeigt, daß die Schulbehörde derartiges Engagement eher mißbilligend duldet, als bezuschußt. So bleibt einem nichts anderes übrig, als diesen Weg einzuschlagen.

Mit bestem Gruß

SONNTAG CIGARETTENFABRIK GMBH

SONNTAG Cigarettenfabrik · Verwaltung und Produktion: Simon-Arzt-Straße 1, 5303 Bornheim 2 (Hersel)

7. Mai 1985
Zi/Ga

Herrn
Thomas Brockmann
████████████

2000 Hamburg ██

Betr.: Zigaretten für Unterrichtszwecke

Sehr geehrter Herr Brockmann,

aus zwei Gründen können wir Ihrem Wunsch nicht entsprechen:

zum einen haben wir uns in einer freiwilligen Vereinbarung verpflichtet,
jede Ansprache an Jugendliche und Heranwachsende in jeder Form zu unterlassen,
zum anderen ist gerade die Zigarette in den letzten Jahren derart in die öffentliche Schußlinie geraten, daß von einer sachlichen Diskussion in weiten Kreisen
wohl nicht mehr die Rede sein kann.

Wir bitten Sie, unsere Zurückhaltung in diesem Falle - wie vorgetragen - zu verstehen.

Mit freundlichen Grüßen
SONNTAG CIGARETTENFABRIK GMBH
ppa. ████   ppa. █████████

P.S. Da Sie sich als Raucher zu erkennen gegeben haben, überreichen wir Ihnen
     zur persönlichen Bedienung als kleinen Gegengruß 1 Stange PANAMA.

TELEFON: 0 22 22/80 89 TELEX: 8 86 460 Sonci D TELEGRAMME: Cigarettensonntag Bonn BANKEN: Allgemeine Deutsche Credit-Anstalt, Bonn 70236000 (BLZ 380 103 00) POSTSCHECK Köln 96 69-507 (BLZ 370 100 50)
Sitz der Gesellschaft: Bornheim-Hersel Registergericht: Amtsgericht Bonn Handelsregister-Nr: 19 HRB 344 Dr. Heinz Kreuter, Geschäftsführender Gesellschafter Christian Hartmann, Dr. Hansheinz Kreuter, Herbert Zitzmann, Prokuristen

Guten Morgen! Hast du wenigstens ausgeschlafen? —

Mensch, Thomas, da hättest du auch selber drauf kommen können. Wenn wegen Jugendgefährdung keine Zigarettenwerbung im Fernsehen erlaubt ist, wird man dir wohl kaum Fluppen für den Unterricht geben.

Korrigieren läßt sich der Fehler nicht mehr. Schließlich hast du gleich alle deutschen Hersteller angeschrieben. Zwar versuchst du noch den Verband weichzuklopfen. Laberst von Volljährigkeit bei deinen Schülern und sinnvollem Unterrichtsthema. Aber man bleibt hartnäckig. Als Entschädigung bieten sie dir Werksbesichtigung, Schulvortrag und einen Videofilm an. Die Video-Kassette staubst du ab. —

Zweifellos, heute würdest du es anders anfangen. Erstmal einen Test-Brief abschießen. Warten, wie man reagiert. Und wenn es klappt, die ganze Branche abklappern. Am Text bestanden ja keine Zweifel. Deshalb würdest du jetzt von einem Uni-Projekt sprechen oder Erwachsenen-Bildung an der Volkshochschule. —

Dies war jedenfalls ein Flop. Aber was soll's, du wolltest dir doch sowieso das Qualmen abgewöhnen.

Die Ecke für den Statistiker

versendete Briefe	gelieferte Waren	Verkaufswert
12	200 Zigaretten + 1 VHS-Kassette	DM 50,—

6.3 Schnaps:
Der große Klare, heiß geliebt
und kalt getrunken

Spitzbergen

»Hey, Kurt: Korn und Bier, bis ich abwinke!« — Mittwoch, Stammtischrunde. Wieder hockst du mit dem harten Kern deines Bekanntenkreises zusammen. Lieferst artig deinen Wochenbericht zum Thema Umsonst ab.

Plötzlich sagt Kalle: »Mensch, laß uns doch mal ein paar Schnäpse schnorren. Die Kostenlos-Rallye im kleinen Kreis probieren. Wenn Pit gleich reinkommt, tun wir einfach so, als hätte er heute Geburtstag.«

Nichtsahnend betritt Peter die Kneipe. Und wie auf ein Kommando grölen alle ein lautes »Happy birthday, dear Peter«. Etwas verdutzt setzt er sich hin: »Sagt mal, habt ihr 'ne Scheibe? Ich bin doch erst im Dezember fällig. Glaubt ja nicht, daß ich 'ne Runde schmeiße!« — »Nee, du nicht, aber unser Wirt.« Und richtig, fünf Minuten später kommt Kurt angezittert, mit einem Tablett und zehn Schnäpsen. »Na denn man Prost. Auf die nächsten 100 Jahre, Pit.« —

Die Stimmung ist voll da, und alle haben das gleiche Thema am Wickel.

»Eins will ich dir sagen, Tom, war ja 'ne schrille Nummer mit deinem Sekt. Aber bei hochprozentigem Alkohol kannst du deine Baggerfahrt durch die Wirtschaft echt vergessen. Dürfen die gar nicht verschicken. Von wegen Jugendschutz und so. Müßten ja erst mal checken, ob du überhaupt volljährig bist.« —

Schon wieder so eine dreiste Behauptung. Verdammte Provokationen.

Die kreative Strategie

Diplomingenieur Thomas Brockmann & Partner 2000 Hamburg 0 40

KORNBRENNEREI SCHÖNAU GMBH
— Vertrieb —
Postfach 2 40

2057 Reinbek-Ohe

Bemusterung Kornbranntwein

Liebe Geschäftskollegen,

mit einem neuen Projekt möchte ich meine geschäftlichen Aktivitäten ausweiten.
So plane ich im Sommer an zwei Schleswig-Holsteinischen Urlaubsorten (Trave-
münde und Lübeck) eine Gastronomie besonderer Art zu eröffnen.

Dabei dient „ZU DEN 1000 SCHNÄPSEN" Sommertouristen sowohl als Ausflugs-
lokal wie auch als Einkaufsstätte. Wesentlicher Bestandteil des Konzeptes ist,
ein außergewöhnlich breites Spektrum an Schnäpsen anzubieten.

Um festzulegen, welche Artikel im Sortiment aufgenommen und gelistet werden,
möchte ich Sie zunächst um eine einfache Bemusterung Ihrer Kornbranntweine
bitten. Darüber hinaus benötige ich Preisliste und Abnahmekonditionen.

Nach der Entscheidungsfindung werde ich mich mit Ihnen oder einer benannten
Person in Verbindung setzen, um die weiteren Geschäftsbedingungen zu präzi-
sieren. Im Moment jedoch erfordern die Umbauten meine überwiegende Präsens
in Schleswig-Holstein.

Wegen der knappen Terminierung wäre ich für eine baldige Bearbeitung dankbar.

Mit besten Grüßen

℞ PABST & RICHARZ GMBH
WEINBRAND · IMPORTSPIRITUOSEN

Pabst & Richarz GmbH · Postfach 230 · 2887 Elsfleth

Herrn
Diplomingenieur
Thomas Brockmann & Partner
� ▅▅▅▅▅▅▅▅▅▅▅▅

2000 Hamburg ▅

An der Weinkaje
Postfach 230
2887 Elsfleth
▅▅▅▅▅▅▅▅▅▅▅

Telex: 25 244 pari d
Drahtwort: Parico, Elsfleth
Telefon-Sa.-Nr. 04404/501-0
Durchwahl 501..24

Elsfleth, 14.03.1985
Rü-bö

Ihr Schreiben vom 05.03.1985

Sehr geehrter Herr Brockmann,

vielen Dank für Ihr o. a. Schreiben.
Bezüglich der Durchführung eines Pre-Tests gehen wir gerne
auf Ihr Angebot ein und senden Ihnen mit diesem Schreiben vorab
zwei Flaschen unseres Cognacs GUY MARAIS.

Die Preisliste erhalten Sie Ende März, da bis dahin die neue
Auflage (gültig ab 01.04.85) bei uns im Hause ist.

Wir hoffen, Ihnen hiermit gedient zu haben, und verbleiben

mit freundlichen Grüßen

PABST & RICHARZ GMBH
Marketing
I. V.:   I. A.:

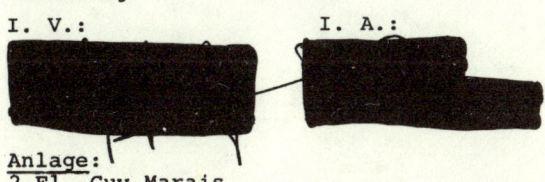

Anlage:
2 Fl. Guy Marais

Registergericht AG Brake/Utw., HRB 370 · Geschäftsführer: Carl Maria Richarz, Claus Steinacker, Hans Wolff, Dieter Kiefer
Banken: OLB, Elsfleth (BLZ 280 219 06), Konto-Nr. 19 050 335 00 · Deutsche Bank AG, Oldenburg (BLZ 280 700 57), Konto-Nr. 01 - 677 00 ·
BfG Oldenburg (BLZ 280 101 11), Konto-Nr. 194 744 46 · Volksbank Oldenburg eG, Zweigniederlassung Elsfleth (BLZ 280 900 45), Konto-Nr. 7.004400.7 ·
Landessparkasse zu Oldenburg, Zweigstelle Elsfleth (BLZ 280 501 00), Konto-Nr. 062-4 227 12 · Postgiro Hannover (BLZ 250 100 30), Konto-Nr. 4 442 43-309
BBN 40 067 146

War wohl nix! Natürlich wird auch harter Alkohol problemlos verschickt. Sogar so selbstverständlich, daß sich die Schnapsbrenner gar nicht erst die Mühe eines Antwortschreibens machen.

Flaschen einpacken. Ein paar Begleitzeilen dazu und auf die Post damit. Dabei hast du wirklich mit Schwierigkeiten gerechnet. Extra noch den Sektbrief auf Cognac umgefummelt und als zweite Anmache an drei Firmen geschickt. —

Flüssige Medizin ist jetzt genug im Haus. Der Apothekerschrank wäre aufgefüllt. Nur für den Winter müßtest du vielleicht noch Rum rankarren lassen. Wegen der Erkältungsgefahr, versteht sich.

Die Ecke für den Statistiker

versendete Briefe	gelieferte Waren	Verkaufswert
25	30 Flaschen	DM 250,—

Schnaps

6.4 Feuerwerk: Hell wie der lichte Tag

Laß die Wirtschaft ruhig Monopoly spielen, Thomas. Dein Spiel als Verbraucher heißt »Umsonst«. — Wieder spürst du den Zocker in dir. Fieberst im Spielrausch.

Wo ist die nächste Nuß, die nicht zu knacken scheint?

Du kommst dir vor wie ein moderner Eulenspiegel am Pokertisch. Nur Luschen in der Hand und ohne As im Ärmel. Um abzuräumen, mußt du volle Kante bluffen. Wortgewaltig ziehst du vom Leder. Mit dem Größenwahn eines Cassius Clay und der Heimtücke von Rumpelstilzchen. Die nächste Textrakete wird gebastelt. Achtung, die Lunte brennt: Feuer frei!

Thomas Brockmann   xxxxxxstraße xx
Diplomingenieur   2000 Hamburg xx

COMET GmbH
Pyrotechnik-Apparatebau
— Vertrieb —
Postfach 10 02 67

2850 Bremerhaven-W.

Typ-Muster Feuerwerksraketen

Sehr geehrte Damen und Herren,

anfang August werden wir in großzügigem Rahmen den Geburtstag (Jubiläum)
eines Freundes und Geschäftskollegen feiern, der auch am selben Tag zum
zweiten Mal heiratet. Anläßlich dieses Festtages ist im Anschluß an die Abendgala ein aufregendes Feuerwerk geplant. — Es versteht sich, daß der Raketen-
abschuß pyrotechnisch und feuerpolizeilich beaufsichtigt wird.

Da ich diesen Teil des Festablaufes vorbereite — und die veranschlagten
8.000 — 10.000,-- DM sinnvoll einsetzen will —, möchte ich Sie um eine
einfache Bemusterung an Feuerwerksraketen (Sterne und Kugeln) bitten.
Um dem ,,Lichtspiel" einen doppelten Sinn zu geben, wollen wir uns
bewußt auf die Farben des Firmen-Emblems (blau und rot) beschränken.

Neben den Mustern würden wir gerne ein Angebot erhalten, welche und
wie viele Raketen wir für die genannte Summe bekommen können. Außerdem interessiert es uns, wie teuer der Spaß wäre, die Initialen H. G. an den
Himmel zu ,,zeichnen".

Für eine baldige Zusendung wäre ich Ihnen verbunden.

Mit hanseatischem ,,Hummel-Hummel"
und freundlichen Grüßen!

Comet GmbH
Pyrotechnik - Apparatebau

Comet GmbH · Postfach 10 02 67 · D-2850 Bremerhaven 1

Herrn
Thomas Brockmann
▨▨▨▨▨▨▨▨▨▨

2ooo Hamburg ▨

Ihre Zeichen	
Ihre Nachricht	
Unsere Zeichen	VK 2 br/os
Sachbearbeiter	
Telefon (0471) 393-0	Durchwahl: 393-37
Telex 238731	
Datum	16. Juli 1985

<u>Ihr Schreiben vom 12. Juli 1985</u>

Sehr geehrter Herr Brockmann,

wir beziehen uns auf o.g. Schreiben und haben die gewünschten
Muster separat zum Versand gebracht.

Da Sie erstmalig bei uns beziehen, müssen wir Sie bitten,
einer Nachnahme-Lieferung zuzustimmen. Bei dieser Regelung
gewähren wir Ihnen einen Skonto in Höhe von 5%.

Gern erwarten wir Ihren Auftrag und verbleiben

mit freundlichen Grüßen

    C o m e t   G m b H
Pyrotechnik-Apparatebau

                    ppa.

Kundenauftrag
Nr. /_____/ _____
Betriebsauftrag

COMET Comet GmbH
Pyrotechnik - Apparatebau
D-2850 Bremerhaven-W.
Vieländer Weg 147, Postfach 100267
Telefon (0471) 393-0, Telex 2-38731

Firma: Thomas Brockmann   Datum: 16.7.1985 / os
Bestellung: 2000 Hamburg   Liefertermin: sofort
                                  Verteiler:

Lieferung per: Frachtgut, Expreß, Post, Spedition, LKW   ___ Kiste___, ___ Karton

Stück	Artikel	Artikel-Nr.
	Sie erhalten Muster :	
1	Blinkstern-Rakete	115
1	Teufels-Rakete	124
1	Leuchtrakete	1o5
1	Viktoria-Rakete	125
1	Mikado-Rakete	13o

BETRIEBSFERIEN
vom 2 2. 07. bis 1 6. 08. 85

Sitz der Gesellschaft: 2850 Bremerhaven-Wulsdorf, Vieländer Weg 147
Handelsregister: Bremerhaven HRB 1840

Pyrotechnische Fabrik F. Feistel GmbH + Co KG · 8719 Goßheim · Postfach

	Datum	Lieferschein
KB-Nummer	Kunden-Nummer	24.7.85	sofort

22064/   BR/S
Ihr Schuhbestand bitte angeben

Ihr Auftrag: vom 12.7.1985
Versandart: Expreß frei
Empfänger: s.o.

Firma
Thomas Brockmann
Diplomingenieur
2000 Hamburg

Lieferschein

Scharfe Muster:

Menge Orig.Pckg.	Art.Nr.	Bezeichnung
2	362L	
2	367L	
	36oL	...tzmann

Gesch...   ...r. Wolfgang Wenck

162

Da drehst du ab. Es ist Juli laut Kalender Sommer. Und dir schicken sie wie selbstverständlich Feuerwerksraketen. Obwohl das Abbrennen eigentlich nur Silvester erlaubt ist.

Den nötigen Behördenwisch wollte niemand von dir sehen. Hättest ja auch keinen vorzuzeigen gehabt.

Und daß du älter als 18 bist, wurde stillschweigend vorausgesetzt. Warum sollten schon irgendwelche Zweifel am Alter des Briefschreibers oder dem Anlaß bestehen.

Selbst ein kurzer Kontrollanruf wäre zu viel Arbeit gewesen.

Und wenn jemand die Großbestellung Feuerwerksraketen für andere Zwecke mißbraucht? Komm Thomas, das ist dramatisiert und ziemlich weit hergeholt. Schließlich sind Raketen doch ganz normale Verkaufsartikel. Wie Besteck, Margarine und Sekt. Oder etwa nicht?

Jedenfalls ist für den Jahrestag mit deiner Freundin das Sortiment jetzt komplett. Wird 'ne irre Session. Natürlich in ungewöhnlicher Atmosphäre — auf dem Flachdach deines Miethauses.

Der Plan steht. Du wuchtest den kleinen Tisch und zwei Stühle nach oben. Tischdecke drauf und Kerzenleuchter. Dann wird ein dreigängiges Menü rangekarrt. Erst Fasanen- und Hummersuppe zur Wahl. Als Hauptgericht Feinschmecker-Würstchen à la Konserve und zum Dessert Negerküsse satt. Dazu Sekt nach Empfehlung des Kellermeisters. Und beim Cognac fackelst du ein gigantisches Feuerwerk ab. Eine Aller-erste-Sahne-Feier — und alles umsonst.

Schade nur, daß ihr euch vor vier Wochen getrennt habt.

Die Ecke für den Statistiker

versendete Briefe	gelieferte Waren	Verkaufswert
5	20 Raketen	DM 50,—

6.5 Pflanzenschutz-Mittel: Giftmord leicht gemacht

Eine harte Nacht liegt hinter dir. Erst habt ihr die Karten gekitzelt, wie die Wilden gezockt. Und dann folgte ein gepflegter Zug durch die Gemeinde. Nur zwei Stunden hast du gepooft. Bist völlig übermüdet, könntest im Stehen einschlafen. Dein Kreislauf muß wieder auf Touren. Also setz einen Pott Hallo-Wach-Kaffee auf und mach dich ans Werk.

Schließlich willst du eine schwere Aufgabe lösen: Die Leichtfertigkeit der chemischen Industrie offenlegen.

Du denkst an Agatha Christies »Arsen und Spitzenhäubchen«. Hast diverse Gift- und Selbstmordfälle mit dem beliebten Pflanzenschutzmittel E 605 vor Augen. Weißt, welcher Tamtam vor der Abgabe dieses Giftes z. B. in Drogerien veranstaltet wird. Personalausweis vorzeigen zur Feststellung von Alter und Adresse. Außerdem wird die gekaufte Menge im sog. Giftbuch notiert und die Abnahme quittiert.

Kein grundloser Formalitäten-Zirkus. Denn so ein Konzentrat ist halt eine hochgefährliche chemische Keule, die, falsch angewendet, umwelt-, gesundheitsgefährdend oder gar tödlich sein kann.

Pflanzenschutzmittel für jedermann? Unmöglich.

Wieder überfällt dich die Müdigkeit. Komisch, irgendwie schmeckt der Kaffee heute so bitter...

Thomas Brockmann   xxxxxxstraße xx
Diplomingenieur   2000 Hamburg xx

Schering AG
Pflanzenschutz Deutschland
Postfach 12 21

4000 Düsseldorf 1

Laborversuche an Stechmückenlarven

Sehr geehrte Damen und Herren,

als junges Forscherteam sind wir mit der Lösung eines Insektenproblems in
Finnland beauftragt. Die alljährlich wiederkehrenden Mückenplagen werden
zunehmend zur Existenzfrage des finnischen Fremdenverkehrswesens.
Wichtige Urlaubsgebiete werden bewußt gemieden.

Der zuständige Fremdenverkehrs-Verband will in einer 3-stufigen Maßnahme
einen Etat von 2.1 Mill. DM zur Verfügung stellen. Diese Mittel werden für
den Einkauf und die Ausbringung wirksamer Insektizide verwendet. Die Wahl
des richtigen Präparates soll in unseren Laborversuchen getroffen werden.

Wir bitten Sie deshalb um entsprechende Muster in einer 250 ml-Abfüllung.
Dabei wollen wir bekannte Wirkstoffe wie Parathion, Diazonin etc. keineswegs ausschließen. Wenn Sie durch eigene Testreihen besondere Kombinationen oder Zusätze geprüft haben, wären wir Ihnen für entsprechende
Proben dankbar.

Unsere Umbaumaßnahmen werden Ende Juli abgeschlossen sein. Im Anschluß
— spätestens aber Mitte August — werden die Laborversuche aufgenommen.

Daher wären wir Ihnen für eine umgehende Bearbeitung unseres Schreibens
sehr dankbar.

Mit vorzüglicher Hochachtung

SCHERING

Herrn
Thomas Brockmann
Diplomingenieur
██████████████

2000 Hamburg ██

Schering Aktiengesellschaft

 Pflanzenschutz Deutschland

Ihre Zeichen	Ihre Nachricht vom	Unser Zeichen (bei Antwort angeben)	Telefon: (02 11) 50 06-0	Datum
		Dr.Sw/hs	(02 11) 50 06- -139	18.07.1985

Laborversuche an Stechmückenlarven

Sehr geehrter Herr Brockmann,

wir danken für Ihre Anfrage vom 12.07. d. J.
Für Ihre Forschungsarbeiten zur Lösung des Stechmückenproblems
in Finnland können wir Ihnen das Produkt Dimilin 25 WP empfehlen.
Dimilin (Wirkstoff: 25 % Diflubenzuron) ist ein pulverförmiges
Spritzmittel, das von der Biologischen Bundesanstalt im Einver-
nehmen mit dem Bundesgesundheitsamt zur Bekämpfung beißender
Insekten in verschiedenen Kulturen in der Bundesrepublik amt-
lich zugelassen ist. Darüber hinaus ist Dimilin vom Bundesgesundheitsamt als Mittel gegen Stechmückenlarven (Aedes-, Culex-
und Anopheles-Arten) geprüft und für behördlich angeordnete
Entwesungen anerkannt.

Das Wirkungsprinzip beruht auf einer Hemmung der Chitinsynthese.
Aufgrund der hohen Selektivität und der nützlingsschonenden Eigenschaften hat sich Dimilin vor allem im integrierten Pflanzenschutz bestens bewährt.

- 2 -

Postanschrift: Schering Aktiengesellschaft, Pflanzenschutz Deutschland, Postfach 12 21, D-4000 Düsseldorf 1 · Für Besucher: Düsseldorf-Heerdt, Werftstraße 37
Telex: 8 584 501 schp d · Telegramme: Scheringchemie Düsseldorf · Telefax: (02 11) 5 00 61 01

Vorstand: Dr. Herbert Asmis, Dr. Christian Bruhn, Dr. Heinz Hannse, Horst Kramp, Dr. Klaus Pohle, Dr. Horst Witzel · Vorsitzender des Aufsichtsrats: Klaus Subjetzki
Sitz der Gesellschaft: Berlin und Bergkamen · Handelsregister: AG Charlottenburg 93 HRB 283 und AG Kamen HRB 0061 · Berliner Commerzbank AG, Berlin, Konto-Nr.
108700600, Bankleitzahl 100 400 00 · Berliner Handels- und Frankfurter Bank, Berlin, Konto-Nr. 70045224, Bankleitzahl 100 202 00 · Deutsche Bank Berlin AG, Konto-Nr.
2415008, Bankleitzahl 100 700 00 · Postgiroamt Berlin West, Konto-Nr. 11 75-101, Bankleitzahl 100 100 10

Empfänger	Unsere Zeichen	Datum	Blatt
Herrn Thomas Brockmann	Dr.Sw/hs	18.07.1985	2

Sie erhalten beiliegend Informationsmaterial sowie Gebrauchsan-
weisungen zu Dimilin und mit separater Post 3 x 100 g Versuchs-
muster. Wir wünschen Ihrer Arbeit viel Erfolg und dürfen Sie
bitten, uns über das Ergebnis auf dem laufenden zu halten.

Mit freundlichen Grüßen
Schering Aktiengesellschaft
Pflanzenschutz   Deutschland

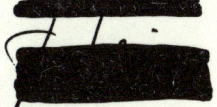 

Anlagen
1 Dimilin-Prospekt
1 allgemeine Dimilin-Gebrauchsanweisung
1 Gebrauchsanweisung Dimilin zur Stechmückenbekämpfung

Das darf einfach nicht wahr sein! Du hast tatsächlich Pflanzenschutzmittel erhalten. Per Post, ohne Überprüfung deiner Person
oder des angeblichen Anlasses.

Werden damit nicht Kontrollauflagen und Gesetze für die Abgabe
von Giften zur Farce? Ist es nicht verdammt gefährlich, ein Insekti-
zid so locker rauszugeben?

Ist doch schließlich kein Traubenzucker.

Zum ersten Mal hast du eine Kontrollmöglichkeit geschaffen: Einen konkreten Auftraggeber genannt: den finnischen Fremdenverkehrs-Verband. Ein Anruf bei dieser Institution reicht, und
der Flop wird sichtbar.

BAYER machte vor, wie es hätte ablaufen sollen: Kontrolle in Finnland — die Aktion wurde nicht bestätigt — keine Ware rausgegeben — bei dir, dem Briefschreiber, nachgebohrt (»Nach wie vor sind wir an diesem Projekt interessiert. Aber wir bitten Sie darum, uns mitzuteilen, unter welchem Namen und welcher Adresse Ihr Forscherteam firmiert sowie um nähere Angaben über Ihren Auftrag...«). Hut ab und Respekt an BAYER.

Ganz anders verhielt sich das Unternehmen SCHERING. Quasi postwendend reagierten sie, schickten gleich 300 Gramm Wirkstoffkonzentrat ihres Mittels Dimilin 25 WP. Daß es sich hierbei wirklich nicht um Traubenzucker handelt, wird schon an der Gebrauchsanweisung deutlich:

VORSICHTSMASSNAHMEN

Wartezeit: Kernobst 28 Tage

Wasserschutzgebietsauflage: keine

Nur nach Gebrauchsanweisung!

Mißbrauch verursacht Gesundheitsschäden.

Das Verschlucken des Mittels ist gesundheitsschädlich. Die Daueraufnahme, auch kleinster Mengen, ist unbedingt zu vermeiden.

Nicht zusammen mit Lebens- oder Futtermitteln sowie für Kinder unzugänglich und trocken lagern!

Verpackung dicht geschlossen und unter Verschluß aufbewahren.

Daß SCHERING keine Ausnahme bildet, entsetzt dich noch mehr. Beispielsweise auch CYANAMID gab dir das schriftliche Angebot, Originalmuster des Mittels ABATE 500 E beziehen zu können. Mittlerweile kannst du dir vorstellen, Pflanzenschutzmittel jeder Giftklasse abgreifen zu können.

Aber worüber regst du dich eigentlich auf, Thomas? Wer kommt denn schon auf die Idee, mit dieser Masche Gifte ranzuschaffen?

Tafel IX: Spätfolgen bei exzessivem Mißbrauch der "Umsonst"-Masche.
: Was Thomas B. hätte passieren können.

Delirium tremens

Coffeinvergiftung

Einseitige Ernährung

Albträume

Gestörtes Sexualverhalten

Grössenwahn

7.1 Werbegeschenke: Der letzte Akt

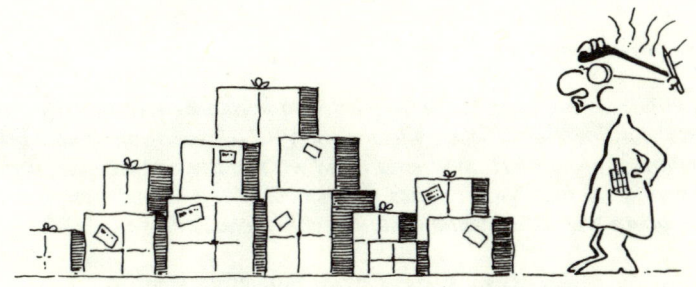

Heute ist Jahrmarkt für Fachausdrücke. Das Werbelexikon in der Hand, willst du voll vom Leder lassen. Werbegeschenke sind der absolute Renner. Da mußt du nochmal zulangen. Und für die Glaubwürdigkeit mit Fremdworten wild herumballern.

Schließlich ist in dieser Branche Deutsch nur ein Notbehelf; wenn man das amerikanische Wort gerade nicht parat hat. Also trommelst du los. Spickst den Text mit lauter Fachchinesisch.

Kommst dir vor wie beim Schlagzeug-Solo. Leichte Schläge auf die Becken. Ja, hier würde noch ein Fachausdruck passen. Ein peitschender Trommelwirbel. Du packst alles rein, was es an wortgewaltigem Wirrwarr gibt.

Und jetzt sachte den Rhythmus ausklingen lassen. Sauber, du hast es geschafft. Ein Brief, in dem normalverständliche Formulierungen in der Minderheit sind.

Die kreative Strategie

Diplomingenieur   Thomas Brockmann   2000 Hamburg
          & Partner   0 40

Gustav Selter oHG
Metallwarenfabrik
— Vertrieb —
Hauptstraße 13 - 15

5990 Altena, Westf. 8

Bemusterung Werbegeschenke für Promotions

Sehr geehrte Damen und Herren,

als Kreativteam betreuen wir unsere Klientel in den Bereichen Advertising und
Public Relations. Dabei haben wir uns auf VKF-, Promotion- und Direktwerbe-
Maßnahmen spezialisiert. Momentan sind wir mit der Entwicklung verschiedener
Aktionen für Herbst/Winter dieses Jahres beschäftigt. Aus diesem Grund suchen
wir geeignete Werbegeschenke für unterschiedliche Anlässe:

	1)	Give Aways für den Endverbraucher
und/oder	2)	Incentives/Door-Opener für Außendienst/ Distribution
und/oder	3)	Werbegeschenke mit hochwertiger Anmutung, die auch als Self-Liquidator einsetzbar sind.

Da die Werbegeschenke für Kunden diverser Branchen eingesetzt werden, möchten
wir Sie um eine einfache Bemusterung entsprechender Artikel Ihrer Produktion
(+ spezifizierter Preisliste) bitten. Wir hoffen auf Ihr Verständnis, daß wir unsere
Beurteilung und Entscheidungsfindung nicht aufgrund von Prospekt-Unterlagen
treffen möchten.

Nach Abschluß der Präsentationen wird Ende April/Anfang Mai entschieden,
welche Artikel eingesetzt werden sollen. Erst im Anschluß werden wir direkten
Kontakt mit Ihnen aufnehmen.

In der Hoffnung, daß Sie mit diesem Ablauf einverstanden sind, verbleiben wir

mit freundlichen Grüßen

Gustav Selter oHG
Metallwarenfabrik
Spritzgußwerk
Hauptstraße 13-15
D - 5990 Altena, Westf. 8
W.- Germany
Telefon 02352-71011*
Telex 8229325 selt d

Gustav Selter oHG   Postfach 8066   D - 5990 Altena, Westf. 8

Thomas Brockmann & Partner

█████████████████

2000 Hamburg ██

16.4.85   st/sa   19.04.85

Showcase

Sehr geehrter Herr Brockmann,

vielen Dank für Ihr Schreiben. Unser Showcase ist eine
attraktive Mappe mit 21 verschiedenen Teilen. Nun haben wir
aber in erster Linie daran gedacht, unseren Kunden, also den
Werbeartikel-Großhändlern, diese Mappe als Verkaufshilfe zur
Verfügung zu stellen. Das Showcase ist also bestückt mit
21 verschiedenen Mustern. Die Befestigung der Teile geschieht
mittels Klettenverschluß.

Ein Muster schicken wir Ihnen in den nächsten Tagen per
Postpaket.

Zu überlegen wäre, ob für den Einsatz als Werbeartikel der
Inhalt etwas verändert wird. Es ist sicher nicht
erforderlich, 7 verschiedene Schraubendreher-Magazine in
dieser Sortierung zu haben. Als Muster ist es sehr wichtig,
für den täglichen Gebrauch aber schlagen wir eine Reduzierung
des Magazin-Sortimentes vor.

Werbeanbringung kann mittels Siebdruck erfolgen. Pro Druck
und je Farbe betragen die Kosten DM 0,35.

Hinzu kommen Kosten für Dia und Sieb. Diese Kosten können wir
Ihnen exakt sagen, nachdem wir Ihre Druckvorlagen bekommen
haben.

Wir erwarten nun gern Ihre weitere Nachricht.

Mit freundlichem Gruß
GUSTAV SELTER oHG
████████████████

1 Stück Art. 3510-0 separat

Commerzbank Altena 2206704   Dresdner Bank Altena 740575300
Sparkasse Altena-Nachrodt 5769   Landeszentralbank Lüdenscheid 45808136   Postscheck Köln 21405-501

Was ist hier los, was ist passiert? Du hast doch nur ein bißchen Fachgeplänkel abgelassen. Wolltest mit ein paar Werbegeschenken dein Sortiment vervollständigen.

Aber muß man dich deshalb gleich mit Waren zuschütten?

Den reinsten Krämerladen haben sie dir in Einzelteilen geliefert:

Bademantel,
Handtücher,
T-Shirts,
Füller,
Feuerzeuge,
Streichhölzer,
Lineale,
Zettelblöcke
Bleistifte,
Kugelschreiber,
Badehose,
Käppies,
Tennissocken,
bunte Mützen,
Schlüsselanhänger,
Werkzeug-Set,
Eiskratzer fürs Auto,
Terminkalender,
Bilderrahmen,
Check-Karte und
Taschenrechner aus Marzipan
geformt,
Flaschenöffner,
Korkenzieher,
Beschäftigungsspiele.

Jetzt ist genug! Die Musterjagd wird abgeblasen. Mühsam verfrachtest du die Werbegeschenke zu den anderen Waren. Nicht nur die Nase, sondern auch den Keller hast du voll. Hast nicht mal mehr genug Platz, um den Heizungsgriff zu betätigen. Eins steht fest: Dein nächstes Buch heißt »Lagerhaltung — aber richtig«.

Die Ecke für den Statistiker

versendete Briefe	gelieferte Waren	Verkaufswert
42	Diverses	DM 900,—

7.2 Die Spielwiese für den Statistiker

Branche	verschickte Briefe	gelieferte Waren	Verkaufs- wert
Sekt	45	60 Flaschen	700,—
Konserven	37	40 Dosen	250,—
Suppen	25	150 Trocken- und Fertigsuppen	250,—
Besteck	54	93 4teilige Bestecke	1 700,—
Kaffee	6	3 kg Kaffee	50,—
Süßigkeiten	42	21 kg Süßwaren	1 000,—
Zahnpasta	15	482 Tuben	1 400,—
Feuerzeuge	40	83 Feuerspender	800,—
Füllhalter	45	103 Schreibgeräte	1 100,—
Regenschirme	12	27 Schirme	900,—
Sonnenbrillen	35	97 Brillen	1 600,—
Hemden/T-Shirts	40	22 Oberhemden, 6 T-Shirts	650,—
Modeschmuck	37	15 schmuckvolle Pakete	2 100,—
Seidenkrawatten	12	14 Binder	900,—
Parfum 1	50	52 Riechfläschchen	850,—
Parfum 2	30	25 exklusive Wässerchen	1 500,—

Branche	verschickte Briefe	gelieferte Waren	Verkaufs-wert
Teddies	54	44 Bären	900,—
Fußbälle	5	1 Ball	80,—
Bücher	30	54 Bücher	700,—
Schallplatten	14	25 LPs	500,—
Walkman	8	2 Geräte	350,—
Videos	14	12 Kassetten	900,—
Mohrenköpfe	10	300 Negerküsse	100,—
Banken	10	10 Gutscheine	50,—
Reklamationen	10	6 Flaschen Sekt	50,—
Zeitschriften	25	73 Exemplare	150,—
Reisen	10	Linienflüge*	10 000,—*
Porno-Videos	10	6 Kassetten	600,—
Sexpuppen	8	5 Puppen	800,—
Präservative	8	85 Kondome	23,75
Anti-Baby-Pille	12	10 Packungen	150,—
Zigaretten	12	200 Zigaretten + 1 VHS-Kassette	50,—
Schnaps	25	30 Flaschen	250,—
Feuerwerk	5	20 Raketen	50,—
Werbegeschenke	42	Diverses	900,—
837		**reichlich und genug**	**ca. DM 32 000,—**

* angenommener Wert

Tiefschlag für die Eitelkeit

Drei Uhr nachts, das Telefon bimmelt. Kann doch wohl nicht wahr sein! Na, dem Anrufer wirst du was husten.

Entnervt greifst du zum Hörer. »Hier Fernmeldeamt, guten Morgen. Ich habe ein R-Gespräch aus Übersee für Sie. Kommt aus Santa Barbara/Californien. Sind Sie bereit, die Gebühren zu übernehmen?« —

Das kann nur Karin sein. Aber muß sie dir gleich die Telefoneinheiten aufs Auge drücken?

Du murmelst ein zögerndes »Ja« in die Muschel. Denkst mit Grausen an die nächste Fernmelderechnung. —

»Hey, Tommi, ich habe eine Wahnsinnsbotschaft für dich. Die muß ich sofort loswerden. Hier in Amerika gibt's deine Umsonst-Kiste schon als Zeitschrift. Schimpft sich FREEBIES »The Magazin with Something for Nothing.«

Jedes Heft steckt voller Tips und Adressen, wo du kostenlos Waren abstauben kannst. Ist das nicht irre? Ich bring dir in jedem Fall ein Exemplar mit ...« —

Peng, dein Traum ist abgeschlossen. Die Illusion, als Erster die Idee zu verbraten, kannst du dir abschminken. Amerika ist scheinbar immer einen Schritt voraus.

On Vacation And On The Job.
Going Places with *FREEBIES!*

BASEBALL FREEBIES
Decals! Schedules! Team spirit abounds! Page 14

UNICORN DECAL
A free, fantasy horse on a colorful rainbow. Page 9

ANALGESIC RUB
Free sample of pain-relief cream. Page 25

T-SHIRT TRANSFER
Announce your craze for catsup. Free. Page 29

FREEBIES Magazine
P.O. Box 20283
Santa Barbara, CA 93120

Number 64. May/June 1985

7.3 Nachschlag — Nackenschlag

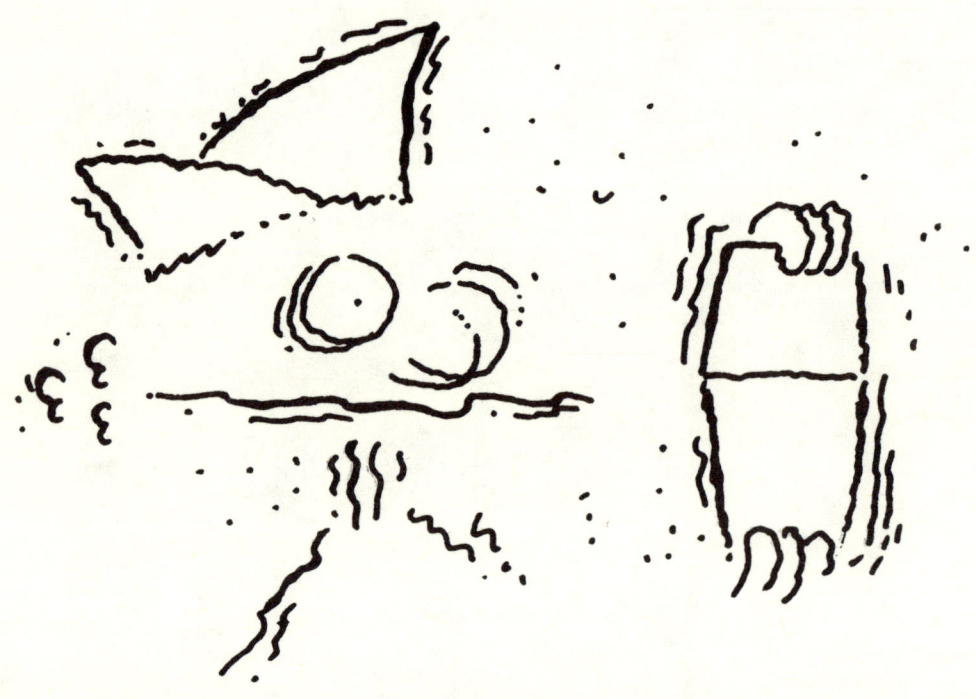

Null Ouvert — Hosen runter, Karten auf den Tisch.

Du schreibst einen Bekennerbrief.

Reißt die Fassade des »Geschäftsmannes« runter, zeigst die nackte Privatperson. Willst wissen, wie die Firmen jetzt reagieren. Verhalten sie sich souverän, humorvoll, erbost oder kleinkariert?

Daß du ein Buch schreibst, verrätst du nicht.

Schließlich willst du echte Reaktionen haben.

Thomas Brockmann   xxxxxxstraße xx
Diplomingenieur   2000 Hamburg xx

XXXXXXXX
XXXXXXXX

XXXX XXXXXXXX

Mustersendung vom . . . . . .

Sehr geehrte Damen und Herren,

mit Sicherheit werden Sie sich beim Lesen meines Briefes reichlich ärgern. Habe
ich doch erfolgreich versucht, unter Vorspiegelung falscher Tatsachen Muster
von Ihnen zu schnorren. Der in meinem „Geschäfts-Schreiben formulierte
Anlaß war frei erfunden und stammte ausschließlich aus meiner Phantasie.

Bevor Sie jetzt wutschnaubend aufspringen, ein paar erklärende Worte:

Das Ganze war im wahrsten Sinne des Wortes eine Schnaps-Idee. Wurde doch
die Behauptung aufgestellt, ein solches Abstauben sei nicht möglich. Nun gut,
ein Wort gab das nächste. Schließlich wurde eine Flasche „Dimpel" als Preis
für die Wette ausgesetzt und die Sache ausprobiert. Soviel zum Hintergrund.

Nun weiß ich, daß eine solche Vorgehensweise und absichtliche Täuschung
verboten ist. In dieser Form möchte ich weder Ihnen Schaden zufügen noch
mich mit den Mustern bereichern. Deshalb gebe ich mein Handeln offen zu.
Böswillig war es nicht gemeint.

Wenn Sie darauf bestehen, werde ich Ihnen selbstverständlich die Muster zurücksenden. Andererseits würde ich die Ware gern behalten. Auch wenn die Artikel
nicht in mein Poesie-Album passen, hätte ich sie gern zur Erinnerung. Falls
Sie mir jetzt eine Rechnung stellen, werde ich diese natürlich sofort bezahlen.
Oder darf ich die Muster kostenlos behalten?

Können Sie mir bitte bis zum 5. September Bescheid geben. Im Anschluß fahre
ich nämlich für 5 Wochen in den Urlaub. Ich hoffe, daß Sie die Angelegenheit
mit einem schmunzelnden Auge betrachten und mir „Absolution" erteilen.
Wie gesagt: kein böser Wille, sondern eine verrückte Idee.

„Mea culpa"
und freundliche Grüße

ZANGENBERG

HEINRICH ZANGENBERG GMBH & CO · POSTFACH 44 40 · 4500 OSNABRÜCK

Herrn
Dipl.Ing. Thomas Brockmann
~~█████████████~~

2000 Hamburg ▄▄

Regenschirme *[signature]*
Regenschirme Modell *[mark]*
Taschenschirme Original ▪
Regenmäntel ▪ *Ravel Coat*
Gartenschirme
Gartenmöbel-Auflagen
Zangenberg Sekundenzelt
Koffer ▪ *Travel-Set*

IHRE ZEICHEN	IHRE NACHRICHT VOM	UNSERE ZEICHEN	4500 OSNABRÜCK
		Ku/Td.	22.8.85

Sehr geehrter Herr Brockmann!

Um uns vor Schnorrern zu schützen, gehört es seit Jahren
zu unseren Geschäftsprinzipien, jede Leistung in Rechnung
zu stellen. Bedauerlicherweise gibt es gegen die Kindereien
eines Akademikers, der offensichtlich zuviel Zeit und zuviel
Geld hat, keine entsprechende Schutzmöglichkeit. Oder ist
der von Ihnen verwendete Titel auch frei erfunden? Sie haben
scheinbar keine Ahnung von den Kosten, die durch Ihre Schnaps-
idee verursacht werden.

Leider finden wir in dem gesamten Schriftwechsel keine
humoristische Einlage, die uns zum Schmunzeln anregen würde.
Wenn Sie unseren Schriftwechsel genau studieren, dürften Sie
Ihre Wette nicht gewonnen haben. Da wir bereits am 24.7.85
unsere Rechnung Nr. 4753 vom 4.4.85 zur Zahlung angemahnt haben, erwarten wir einen Ausgleich bis zum 3o.8.1985 bzw. die
Musterschirme in einem einwandfrei verkäuflichen Zustand zurück.

Falls der Vorgang bis dahin nicht erledigt ist, werden wir
Klage einreichen.

Mit freundlichen Grüßen
Heinrich Zangenberg
GmbH & Co

RECHTSFORM: KOMMANDITGESELLSCHAFT   PERS. HAFT. GESELLSCHAFTER: ZANGENBERG BETEILIGUNGS GMBH   GESCHÄFTSFÜHRER: HORST HEINRICH ZANGENBERG
SITZ: OSNABRÜCK   SITZ: OSNABRÜCK   DIETER ZANGENBERG
AMTSGERICHT: OSNABRÜCK HRA 2221   HANDELSREGISTER: B 1426

FERNRUF   FERNSCHREIBER   DRAHTWORT   POSTGIROKONTO   BANKEN   S.W.I.F.T.
(05 41) 3 29 58   9 4 893 hazeto   HEINRICH ZANGENBERG   HANNOVER (BLZ 250 100 30) 960 · 302   DRESDNER BANK AG (BLZ 265 800 70) 7 155 736   DRES DE FF 265

SANS SOUCIS
BADEN-BADEN · PARIS

COSMETIQUE SANS SOUCIS GMBH POSTFACH 936 7570 BADEN-BADEN

LEITUNG VERKAUFSABTEILUNG

Herrn
Thomas Brockmann

2000 Hamburg

| IHR ZEICHEN | IHRE NACHRICHT | UNSER ZEICHEN | 7570 BADEN-BADEN |
| | 21.8.85 | LVI-CL/vo | TAG 28.8.1985 |

Sehr geehrter Herr Brockmann,

wir danken Ihnen für Ihre offenen Worte.

Als einer der führenden Depotkosmetik-Hersteller in Deutschland sind
wir immer wieder auf neue, qualifizierte Depots angewiesen.

Es ist uns und unserer Außendienst-Organisation nicht in jedem Falle
möglich, die Seriosität von Anfragen wie der Ihren mit objektiver
Sicherheit zu beurteilen.

Wir möchten Ihnen jedoch zu bedenken geben, daß eine solche Anfrage
Reaktionen auslöst, die wir auch von der Kostenseite her betrachten
müssen, die nicht unerheblich ist. (Angebot, Muster, Korrespondenz
mit dem Repräsentanten, Eingabe in die EDV, Versandkosten etc.). Das
sind Faktoren, die Ihnen aufgrund Ihres Berufes sicher nicht unbekannt
sein dürften.

Die übersandten Muster wollen Sie bitte behalten. Wir empfehlen Ihnen
allerdings, Ihr Experiment nicht bei anderen Firmen zu versuchen. Ob
deren Reaktion so wie die unsere wäre ist fraglich.

Als "Wiedergutmachung" reicht es aus, wenn Sie Ihren Bekannten die Produkte unseres Hauses Sans Soucis empfehlen, die Sie in Hamburg in ca.
100 Fachgeschäften und Drogeriemärkten erhalten.

Mit freundlichen Grüssen
COSMETIQUE SANS SOUCIS GMBH
-Leitung Verkaufsabteilung-

IM ROSENGARTEN · DRAHTWORT: COSASI BADEN-BADEN · POSTFACH 936 · AMTSGERICHT BADEN-BADEN · 5 HRB 243 · GESCHÄFTSFÜHRUNG: MARIA STEINMANN
TX: COBAD 0781248·TEL. 07221/688-1·POSTSCHECK KLRH 62133-759·VOLKSBANK B.-BADEN 323900·STADTSPARKASSE B.-BADEN 0-35774·SPAR- U. KREDITBANK BÜHL 4011600

Fackelträger—Verlag

Fackelträger-Verlag, Goserlede 10 – 12, 3000 Hannover 1

Herrn
Thomas Brockmann
~~███████████~~

2000 Hamburg ██

Fackelträger-Verlag GmbH

Goserlede 10 – 12
3000 Hannover 1
Telefon 0511-14648

Handelsregistereintragung Fackelträger-Verlag
HRB Hannover 4576
Geschäftsführer: Alois Hüser, Hans-Reinhard Kaeller
Verlagsleiter und Prokurist: Hans Rauschning

Postscheckkonto Hannover (BLZ 25010030) 7108-305
Bankkonten: BfG, Hannover (BLZ 25010111) 1009525700
Commerzbank, Hannover (BLZ 25040066) 3139383
Verkehrsnummer und BAG 11865

Hannover, 30. August 1985
Lie / Ga

Betr.: Mustersendung / Rezensionsexemplare

Sehr geehrter Herr Brockmann,

Dank für Ihre Nachricht vom 21. August 1985.

Um Heinz Erhardt (in unserem Verlag) zu zitieren: "Was bin ich
heut wieder für ein Schelm."

Warum soll ein Verlag, der ja u.a. auch BORNEMANNS BRIEFMACKEN
verlegt, nicht selbst einmal auf einen Briefeschreiber herein-
fallen. Das gehört zum Geschäft. In diesem Fall können Sie die
Bücher *), die Sie als "Journalist" bei uns schnorrten, behalten.
Wenn Sie wüßten, wieviele Schnorrer es gibt!

Sie haben sich ja wenigstens viel Mühe gegeben - und das auch noch
echt glaubwürdig. Nett von Ihnen, daß Sie uns selbst aufklärten.
Beim Nachfassen hätten wir Sie sowieso "enttarnt".

In der Hoffnung, daß Sie jetzt viele Bücher unseres Verlages im
Buchhandel kaufen, verbleiben wir

mit freundlichen Grüßen

FACKELTRÄGER-VERLAG GMBH
- Vertriebsleitung / Presse -

PS.: Übrigens mußten wir auch noch Nachgebühr (s. Anlage) für
Ihr "Machwerk" bezahlen.

*) Gaymann, BEZIEHUNG
Seger, SCHNEEKUGELN
LACHENDE ERBEN

KORNBRENNEREI SCHÖNAU GMBH · FRIEDRICHSRUH

Kornbrennerei Schönau GmbH, Postfach 240, 2055 Friedrichsruh

seit 1851

Spirituosen- und Likörfabrik

Herrn Dipl.-Ing.
Thomas Brockmann
████████████

2000 Hamburg ███

29. August 1985
Le/Ko

Sehr geehrter Herr Brockmann,

bei einer neuen Geschäftsverbindung ist es durchaus
üblich, daß Muster brieflich oder telefonisch ange-
fordert werden.

Diese Muster dienen letztendlich der Werbung für
unsere Erzeugnisse, auch wenn sie nicht beim Geschäftspartner, sondern beim Endverbraucher lan-
den.

Sie können die Muster gerne kostenlos behalten.

Sollten Sie jedoch Ihre "Anfragen" an mehrere Spiri-
tuosenhersteller gerichtet haben, möchten wir Sie auf
die Möglichkeit hinweisen, daß einer, der weniger Verständnis dafür hat als wir, Sie unserem Bundesverband
meldet, der zum Schutz vor echten Schnorrern eine
schwarze Liste führt.

Mit freundlichen Grüssen

KORNBRENNEREI SCHÖNAU GMBH
FRIEDRICHSRUH

Betriebsstätte: 2057 Reinbek-Ohe · Fernsprecher: (Aumühle 0 41 04) 30 41
Geschäftsführer: Georg Kühling, Graf Maximilian von Bismarck, Ursula Goedecke, Hans Helmut Asbach · Reg.-Ger.: Schwarzenbek HRB 005
Bankverbindung: Sparkasse Schwarzenbek, Kto. 5770 (BLZ 230 529 60) · Postscheckkonto Hamburg 54 52-205 (BLZ 200 100 20)
Bahnstation: Expreßgut/Frachtgut: Hamburg-Bergedorf

Charles of the Ritz COSMETICS

Parfums **YVESSAINTLAURENT** Beauté

Parfums **GianniVersace**

Herrn
Thomas Brockmann
██████████████
2000 Hamburg ██

26. August 1985
o/gau

LE BEAU FLACON

Sehr geehrter Herr Brockmann,

Ihr Brief vom 21.8.85 hat uns sehr überrascht. Ich
wundere mich, daß es noch Leute gibt, die im Beruf
stehen und noch so viel Zeit haben, um solche
Scherze zu machen. Leider kann ich von mir nicht
sagen, daß ich meine kostbare Zeit so verschwenden
kann.

Selbstverständlich können Sie die Parfums behalten,
ich möchte jedoch eine kleine Bemerkung dazu machen.
Es handelt sich keineswegs um Muster, sondern um
Originalware, die wir auch im Verkauf haben.

Auf Ihre Bemerkung, daß Sie uns keinen Schaden zufügen wollten, wäre nur zu sagen, daß es sich bei
den in Ihrem Fragebogen gemachten Angaben nicht um
Geheimnisse handelt, da sie der gesamten Presse
in der ganzen Welt bereits vorliegen. Sie können
sich sicher vorstellen, daß wir eventuelle Geheimnisse nicht so einfach aus der Hand geben.

Abschließend möchte ich bemerken, daß ich sicher
bin, daß Sie und Ihre Freunde von unseren Düften,
die einen weltweiten Ruf haben, begeistert sind.

Mit freundlichen Grüßen
NOVICOS COSMETIC GMBH

Director Public Relations

NOVICOS COSMETIC GMBH
Bernhard-Feilchenfeld-Straße 11 · Postfach 52 03 65
5000 Köln 51 · Telefon 02 21 / 36 78-0
Telex 8 883 366 novi d · Telefax 02 21 / 36 50 01

Eingetragen beim Amtsgericht Köln, HRB 3770
Geschäftsführer: Joachim Lengling, Kenneth C. Green,
Derek J. Mortelman · Prokurist: Dieter Grünenberg
Bankverbindung: Dresdner Bank AG, Köln
(BLZ 370 800 40) Konto 9841 891
Postgirokonto Köln (BLZ 370 100 50) 703 60 · 508

AUGUST WULF GMBH · WEST GERMANY

August Wulf GmbH, Postfach 36 80, D-4902 Bad Salzuflen 1

Thomas Brockmann
█████████████

2000 Hamburg ██

Ihre Zeichen/Ihre Nachricht vom	Unsere Zeichen/Telefon (Durchwahl)	Datum
	te/hd 8 04- 13	11. September 1985

Sehr geehrter Herr Brockmann,

damit wir uns bei Ihnen ein wenig rächen konnten, haben wir mit unserer
Antwort gewartet, bis Sie mit einem schlechten Gewissen in den Urlaub
fahren mußten.

Der Unterzeichner hat sich nicht so recht ärgern können, weil er selbst
oft einen Anflug von sadistischen Neigungen verspürt. Allerdings kam
Ihrer Aktion sehr zugute, daß der Unterzeichner dem Segelsport verbunden
ist. Für eine andere Aktivität hätte man sich die Muster wahrscheinlich
gespart.

Wie im Schreiben vom 3. Mai 1985 festgehalten, sollten Sie die Brillen
weiterhin testen. Im Jahr 2030 erwarten wir die ersten Ergebnisse von
Ihnen.

Mit freundlichen Grüßen
August Wulf GmbH

█████████████████

Verkaufsleitung

Otto-Hahn-Straße 55–61   Tel.: (0 52 22) 8 04-0   Commerzbank AG Herford   Sparkasse Lemgo   Postgiroamt Hannover   Handelsregister: 6 HRB 20
D-4902 Bad Salzuflen 1   (BLZ 494 400 43) Kto. 2 475 069   (BLZ 482 50110) Kto. 6.003 594   63316-303   Geschäftsführer:
bbn 40 04503 0   Telex: 9 312 117 wulf d   S.W.I.F.T.-Code: cobadedd 494   S.W.I.F.T.-Code: wela de 3 D   (BLZ 250 100 30)   August Wulf, Peter Wulf

 **LONDON RUBBER COMPANY GMBH
DEUTSCHLAND**

angeschlossen an die
LRC International Gruppe

LRC · Postfach 434 · 4050 Mönchengladbach 1

Herrn

Thomas Brockmann
Diplomingenieur
████████████

2000 Hamburg ███

Am Woltershof 46
4050 MÖNCHENGLADBACH 1

Kunden-Nr.
bitte stets angeben:

Ihr Zeichen	Ihre Nachricht vom	Unser Zeichen	Datum
		Sa	22/8/85

Betr.: <u>Ihr Schreiben vom 21.8.85</u>

Sehr geehrter Herr Brockmann,

für die nette "Aufklärung" bedanken wir uns, denn wir verstehen
Spaß.
Es wäre doch im Nachhinein schade gewesen, Ihr erstes, so phanta-
sievoll ausgeschmücktes Schreiben unbeantwortet zu lassen - oder?

Sie dürfen die Muster behalten. - Jetzt erhalten Sie zudem einige
Proben unserer MARKENKONDOME; denn lose Ware bieten wir normalerweise nicht an; damit erklärt sich auch unsere trockene Reaktion.

Wir wünschen Ihnen einen schönen Urlaub! - Evtl. bietet sich die
Gelegenheit, einmal LONDON-Kondome zu erproben?

SINE IRA
und freundliche Grüße
LONDON RUBBER COMPANY GMBH

PS.: Außerdem einige SMOKER-Zahnweiß-Proben. Kennen Sie schon unser
     Produkt aus der TV-Werbung?

Telefon	(02161) 662038
Telex	852733
Bankkonto	Dresdner Bank AG, Mönchengladbach (BLZ 31080015) 9055915
Postscheckkonto	Köln (BLZ 37010050) 186027-506

Geschäftsführer: Dr. H. Storandt

Eingetragen unter Nr. HRB 41 beim Amtsgericht Mönchengladbach

LAURIN Rebhan

Laurin-Rebhan GmbH
Schreibgeräte – Malbedarf
Max-Eyth-Straße 26
7050 Waiblingen

Telefon Waiblingen (0 71 51) 5 68-1
Telegramm-Adresse: Laurinrebhan, Waiblingen
Telex: Laur d 7 24 350, 7 262 201

Konten:
Kreissparkasse Waiblingen (BLZ 602 500 10) 220 402
Deutsche Bank Waiblingen (BLZ 600 700 70) 82/24 800
Postscheckkonto Stuttgart (BLZ 600 100 70) 354 15-705

Sachbearbeiter:
Direktdurchwahl-Nr.: 568- 202

Laurin-Rebhan GmbH, Postfach 1440, 7050 Waiblingen

Diplomingenieur
Thomas Brockmann & Wett-Partner

2000 Hamburg

Ihr Zeichen	Ihr Schreiben	Unsere Zeichen	Waiblingen, den
	21.8.85	VW-Die/St	26. August 1985

Unser ernst gemeintes Angebot über hochwertige Füllhalter

Lieber Herr Brockmann,

Sie sind vielleicht ein ungläubiger Thomas. Wir haben uns überhaupt nicht geärgert!

Nur beim Lesen Ihrer Enthüllungsstory war unser erster Gedanke, dem Manne gehts gut - der hat Zeit (5 Wochen Urlaub), Muse (Schnaps-Ideen auszuhecken) und Geld (Dimpel) - vielleicht zu gut?

Wie mühsam müssen wir uns dagegen ernähren: Wir nehmen jeden Bedarf ernst, auch unter der Gefahr "geleimt" zu werden. Um unser karges Leben zu bestreiten, sind wir eben auf jeden Auftrag angewiesen.

Ihr Trick ist übrigens nicht neu. Jedoch die Krönung wäre, wenn Sie Ihre Schnurraktivitäten bei Daimler, Wempe oder gar Rolls-Royce fortsetzen würden. Dort sind wir jedenfalls bisher erfolglos geblieben.

Wir sind in jedem Falle keine schwäbischen Entenklemmer und werden auf eine Honorarnote verzichten. Bei allem Ernst, Spaß verstehen wir allzugerne. Jedoch eine einzige Antwort schulden Sie uns noch: Wie sind Sie an unsere Anschrift gekommen?

Mit freundlichem Gruß
Laurin-Rebhan GmbH
Werbemittelservice

Schreibgeräte-Malbedarf·Instruments à écrire-articles de dessin
Writing instruments-colouring and drawing materials

Geschäftsführer: G.Leenders, R. Reichle
Registergericht: Amtsgericht Waiblingen, HRB 139

Mosel-Sektkellerei OTTO TREIS · 5583 Zell-Merl (Mosel)

TREIS
Mosel-Sekte

Herrn
Thomas Brockmann
█████████████

2000 Hamburg ███

Ihr Zeichen	Ihre Nachricht vom	Unsere Zeichen	ZELL-MERL (MOSEL)
		Ke	20. August 1985

Sehr geehrter Herr Brockmann!

Ihr Schreiben v. 29. Juli 1985 haben wir zur Kenntnis genommen.
Ihre sogenannte "Schnapsidee" um gratis Sekt zu schnorren hat
bei uns zu nachstehenden Kosten geführt:

Schreibgebühren (4 Briefe)	DM 60,--
4 Fl. Sekt	DM 35,--
Porto u. Verpackung	DM 15,--
	DM 110,--
14% Mehrwertsteuer	DM 15,40
	DM 125,40

Sollte obiger Betrag innerhalb von 14 Tagen bei uns eingegangen sein
betrachten wir die Angelegenheit als erledigt, so nicht, müssen wir
uns weitere Schritte vorbehalten.

MOSEL—SEKTKELLEREI
OTTO TREIS

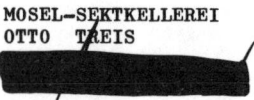

Fernsprecher: 0 65 42/2045–46 · Bundesbahnstation: Bullay-Mosel · Drahtanschrift: TREISSEKT MERLmosel · Postscheckkonto: Köln Nr.73 12 -509
Bankkonten: Deutsche Bank AG, Filiale Zell (BLZ 587 716 51) Konto Nr. 123 0200 · Kreissparkasse Zell (BLZ 570 518 70) Konto Nr. 006–004600
Landeszentralbank Traben-Trarbach (BLZ 587 000 00) Konto Nr. 587 073 15

Du hast die Firmen mit ihren eigenen Tricks geleimt. Jetzt schlägt das Wirtschafts-Imperium voll zurück. Als »Geschäftsmann« haben sie dich großzügig bedient. Mit Waren kostenlos überhäuft.

Als schelmigen Verbraucher jedoch wollen dich manche offensichtlich kleinfalten. Kennen keinen Spaß und drohen mit Klage. Einige wollen dich nun scheinbar auswringen. Oder waren die 60 Mark Schreibgebühren der Sektkellerei TREIS anders gemeint?

Ohne zu wissen, daß es eine groß angelegte Musterjagd war, lieferte die ELSBACH GmbH (Oberhemden) selbst die Erklärung für deinen Erfolg: »Wir gehen in der Regel davon aus, daß Anfragen, die bei uns eingehen, auch seriös gemeint sind. Wir haben in der Hektik des Tagesgeschäftes keine Zeit, aufwendige Ermittlungen wie in Ihrem Fall anzustellen...«

Konservenfabrik EUGEN LACROIX bestätigte, daß die Tarnung perfekt war und wünschte noch guten Appetit mit den Lacroix-Suppen.

Schmunzelnd schrieb die Modeschmuckfirma ORNAMENT: »Eigentlich sind wir eine Firma, die schon von unserem Chef aus nicht nur aus ernstem Bürokratismus besteht... Natürlich sind wir nach Bezahlung der Rechnung bereit, Ihnen ›Absolution‹ zu erteilen und die Angelegenheit mit einem Lächeln zu betrachten...«

VTD (Video) honorierte die trickreiche Nummer: »Falls Sie die Kassette bezahlen, betrachten wir Sie als einen findigen und originellen ›Journalisten‹ und gestehen Ihnen den Pressesonderpreis von DM 50,— zu...«

Die Pyrotechnik-Firma COMET überließ dir die Raketen ohne Berechnung mit dem mahnenden Hinweis: »Allerdings hoffen wir, daß solche Wetten nicht öfter abgeschlossen werden...«

Das Werbegeschenk-Unternehmen SELTER gab eine flotte Antwort: »Die Welt macht dem Manne Platz, der weiß, wohin er geht. Danke für Ihren Brief... Die Muster, die wir Ihnen mit unserem Schreiben vom 9. 4. geschickt haben, verschenken Sie bitte an die Wettrunde...«

Doch die ungekrönten Sieger waren Lümmeltüten-Hersteller LONDON RUBBER und Schreibgeräte-LAURIN. Bewiesen sie doch vortrefflich, daß man auch im Geschäftsalltag noch Humor zeigen kann. Bei derartig pfiffigen Reaktionen mußt du dir noch eine witzige Überraschung ausdenken. Aber was, wird nicht verraten.

Nur bei allem Spaß muß eines klar sein: Das Nachahmen dieser Masche ist verboten. Ganz im Ernst, schon der Versuch ist strafbar.

Der Bundesjustizminister informiert:
Die Nachahmung der im Buch dargestellten
Methoden gefährdet Ihre Freiheit!
Der Gebrauch dieser Methoden enthält
nach DIN die nach dem Bundesgesetz-
buch angegebenen Mengen an Gerichts-
kosten und Freiheitsentzug.

7.4 Schlußwort

Zahltag — Dimpletag. Die Frist ist abgelaufen. Du schiebst die geliehene Schubkarre in Richtung Kneipe. Vor dir ein sperriger Haufen Beweisstücke: Sekt, Dosensuppen, Würstchenkonserven, Negerküsse, Video-Kassetten, Teddybären etc. Für 20 Uhr ist der Lokaltermin festgesetzt. An der Ampel ruft dir so ein verpoppter Cabrio-Fahrer zu:

»Na, Schinderhannes, hast du gerade einen Bruch gemacht?«

Endlich erreichst du eure Pinte. Lenkst dein Vehikel direkt zum Stammtisch. Erst Stille, dann gröhlendes Lachen. »Ja Werner, die Flasche Dimple ist wohl fällig.« Die Stimmung ist voll da. Wühltisch-Atmosphäre. 16 Hände grabbeln begeistert in der Schubkarre. »Mensch, mit den Klamotten müßten wir jemanden ausstaffieren.« Alle sind sich einig: Werner hat verloren — Werner ist dran.

Fünf Minuten später kommt der strahlende Verlierer zurück. Ein Anblick für die Götter: Auf dem Kopf ein Käppi, die Sonnenbrille im Gesicht. Um den Hals Seidenkrawatte und protzige Straßklunker. Ein weißer Bademantel hängt locker über seinen Schultern. Unter dem Oberhemd lugt ein grellfarbenes T-Shirt hervor. Mit der Hand stützt er sich auf einen Regenschirm. Die erogenen Zonen werden von einer knallroten Badehose umhüllt. Darunter Werners blasse, stoppelhaarige Beine, die in einem Paar Socken münden. Wie bei Rummenigge vor dem Anpfiff thront der rechte Fuß auf dem gesponserten Lederball. — Zweifellos, dies ist die billigste Alternative zur hanseatischen Bankierskleidung.

Korken knallen, der Sekt fließt in Strömen. Die Wette ist vorbei. Selten hat ein »Gesellschaftsspiel« so viel Spaß gebracht. Du könntest glatt von vorne anfangen. Bist überzeugt, daß sich dieselben Firmen wieder verladen ließen. Aber wer wettet mir dir?

7.5 Richtigstellung

Ein offener Brief an alle geleimten Firmen, Betriebe, Konzerne

Liebe Geschäftsführer, Manager, Assistenten!

Ich hoffe, daß Sie am lautesten lachen. Waren es Ihre Chefs oder gar Sie selber, die sich verladen ließen? Zwar heißt es, wer den Schaden hat, braucht für den Spott nicht zu sorgen. Aber wahre Größe zeigt, wer über seine eigenen Schlappen lachen kann. Seien Sie doch mal ehrlich, hat es Sie ruiniert, in wirtschaftliche Schwierigkeiten gebracht oder ernsthaft geschädigt?

O. k., ich war hinterhältig, gerissen und gemein. Wollte zeigen, daß auch ein kleiner Verbraucher wie ich das Spiel der Wirtschaft umdrehen kann. Sie haben sich selbst geschlagen. Hatten nur das bombige Geschäft vor Augen. Nein, meine Person spielte dabei keine Rolle. Jeder andere »anonyme« Verbraucher hätte die Briefe schreiben können — deshalb jedermann.

Das Fazit dieses Buches? Sicher keine Verbraucher-Revolution. Auch kein Aufruf, die Wirtschaft lahmzulegen, keine Kampfansage also. Aber wäre es nicht eine positive Konsequenz, wenn Sie zukünftig jeden Kunden so zuvorkommend bedienen wie den »Promoter«, »Freelancer« und »Geschäftsmann« Thomas Brockmann?

Die Bereicherung war nicht mein Ziel. Sämtliche Muster befinden sich unversehrt in meinem »Warenlager«. Selbstverständlich bin ich bereit, die Artikel zurückzusenden. Lieber wäre mir jedoch, die Waren zu bezahlen, um sie anschließend wohltätigen Institutionen zu übergeben. Oder darf ich sie UMSONST spenden?

Es winkt!
Thomas Brockmann

(nach Diktat verreist)

7.6 Danksagung

Dank, Dank und nochmal Dank den aufgeführten Personen. Mit Ihren Ideen, Anregungen und Erfahrungen haben sie die vorliegende Arbeit maßgeblich unterstützt.

Gottfried Keller (Kleider machen Leute) erzählt die Trampergeschichte eines ziemlich abgebrannten Schneiderleins, das einen Lift ins nächste Dorf nimmt. Der Kutscher erlaubt sich einen Gag und gibt dem Kneipier die Information: Der Mann ist ein polnischer Graf und stammt aus bestem Blutergeschlecht. In dem noblen Secondhand-Mantel und der zarten bleichgesichtigen Erscheinung des Schneiders sieht der Wirt den Hochadel bestätigt.

Und nun steht das Dorf Kopf.

Nur das Feinste wird angekarrt und reichlich Kaviar und Schampus aufgetischt: Kostenlos versteht sich. Nach allen Regeln der Kunst wird das Schneiderlein verwöhnt und abgefüllt. Von Rechnung bezahlen keine Rede. Und weil's gerade so gut paßt, verknallt sich auch noch die Sahneschnitte von Tochter in ihn.

Diese Story zeigt hervorragend, wie Kaufleute ausflippen, wenn sie ein bombastisches Geschäft wittern. Am richtigen Schräubchen gedreht — ob freiwillig oder unfreiwillig, spielt keine Geige — und wie wild wird investiert. Der zukünftige Kunde muß erst mal kostenlos bedient und ordentlich abgeliebelt werden.

Till Eulenspiegel war der zweite Ideenlieferant. Sein Leben lang spielte er Streiche und zeigte, wie man mit Bauernschläue vor allem Städter austrickst.

Vermutlich würde er heute mit der Schreibmaschine à la Winfried Bornemann (Briefmacken 1+2, lachende Erben) vom Leder lassen.

Eulenspiegels Wink mit dem Zaunpfahl: Worte sind Auslegungssache. Was sich klar anhört, muß noch lange nicht eindeutig sein. Daß er recht hat, bewiesen die Gutscheine der Banken und Sparkassen.

Thomas Manns Felix Krull war Künstler im Strippenziehen und eigentlich ein Systemkritiker. Er hatte echt Ahnung von den Spielregeln der Gesellschaft. So entschied Felix sich nicht für den Anarcho, sondern den Ego-Trip, indem er sein Know how für eine steile Karriere nutzte.

Mit unglaublichen Aufhängern leimte er die Leute der feinen Gesellschaft. Und alle ditschten auf, weil Felix perfekt aufzutreten wußte.

Kein Wunder also, daß deine Restaurantbesuche und Reisebriefe klappten.

Zuckmayers Hauptmann von Köpenick war Schuhmacher und ein ziemlich armes Würstchen. Wegen eines Kavaliersdeliktes hatte er im Bau gesessen. Wieder auf freien Fuß gesetzt, wollte er neue Papiere, aber man verweigerte ihm den Lappen.

Nun hatte der Schuster die damalige Szene-Sprache voll drauf und besorgte sich außerdem eine Uniform. Mit militanten Sprüchen markierte er auf Hauptmann und ließ die Bürokrauts tierisch auflaufen.

Nach dem Motto »wer so labert, muß ein Offizier sein« kauften ihm die Amtsschimmel diese Nummer ab. Die Stempel wurden gezückt und mit den Papieren war alles paletti. —

Für die anonymen Briefe brauchtest du keine Uniform. Denn bei Pflanzenschutzmitteln, Anti-Baby-Pillen und Werbegeschenken reichte allein das Fachgesülze, damit sie dir den Hauptmann der Wirtschaft abnahmen.

Schon **Andersen (Des Kaisers neue Kleider)** bewies, daß blinde Eitelkeit schnell zur Fußfalle werden kann. Aktualisiert müßte die Geschichte heute wohl »Des Kanzlers neue Kleider« heißen.

Was für ein Bild, sich am Ende den ewig grinsenden Kanzler in geblümten Boxershorts vor dem Podium des Bundestages vorzustellen. Während er annimmt, unheimlich gestylt zu sein und den irren Modefummel am Body zu tragen, steht er nackt am Mikro. Und alles nur, weil sich der rote und der grüne Paul als Modedesigner eingeschlichen haben. Schamlos nutzten sie die Eitelkeit des Kanzlers aus und verhökerten ihm die angeblich nicht sichtbaren Top-Klamotten für eine Menge Kohle. —

Und heute heißt das Stichwort kostenlose Werbung. Für diesen Zweck bekamst du massenhaft Schallplatten, Bücher, Videos, Parfum etc.

Am Ende kannst du nur hoffen, daß es dir wie **Ostrovskijs** Glumov ergeht **(Eine Dummheit macht auch der Gescheiteste)**. Der trickste Geschäftspartner nach Strich und Faden aus und machte dabei irre Karriere.

Nur hatte er die Macke, Tagebuch darüber zu führen, wie er die Leute über den Tisch zog. Als nun ein Geleimter das Geschreibsel in die Finger bekam, war das Entsetzen groß.

Aber die Entlarvten hatten Muffe vor der Blamage und regten sich schnell wieder ab. Statt Zoff zu machen, entschlossen sie sich, Glumov als den Ihren anzuerkennen.

Fazit: Die Welt ist eine Bühne nur, die Frauen und Männer bloße Spieler...

7.7 Zur Person des Autors

1957 geboren, hat der Autor während seiner schulischen Karriere acht Lehranstalten, fünfzehn männliche und drei weibliche Nachhilfelehrer zur Verzweiflung gebracht.

»Goldener Turnschuh« für Jahresbestleistung im Schulstundenschwänzen (127 Fehlstunden) bei gleichzeitiger Versetzung in die nächste Klasse.

Mit 18 Jahren wegen untragbarer körperlicher Mängel von der Bundeswehr ausgemustert. Konnte damit seinen Traum, Vier-Sterne-General zu werden, nicht verwirklichen.

Weiterer Werdegang

1977—1979: 2jährige Ausbildung zum Landwirt, was zu der Erfahrung führte, daß Kenntnisse aus der Praxis meist in völligem Gegensatz zu theoretischem Wissen stehen. Seitdem versucht der Autor, sich im wesentlichen an der Wirtschaftlichkeit zu orientieren.

Seit 1979 versuchte man vergeblich, ihm an einer norddeutschen Hochschule Benehmen und landwirtschaftliches Wissen beizubringen. Es war ihm jedoch gelungen, dieser Bemühung durch unkontrolliertes Fehlen auszuweichen.

Im Januar 1983 erfolgte die Auszeichnung mit dem Diplomtitel und dem Attribut »schnabelschneller Norddeutscher«.

1984 erklomm er mit seinem Erfolgsbuch »Schummeln — aber richtig« erstmals die SPIEGEL-Bestseller-Liste. 1985 folgte sein zweites Buch »Schummeln — aktuell«.

Heute arbeitet Bauer Brockmann in der Werbung.

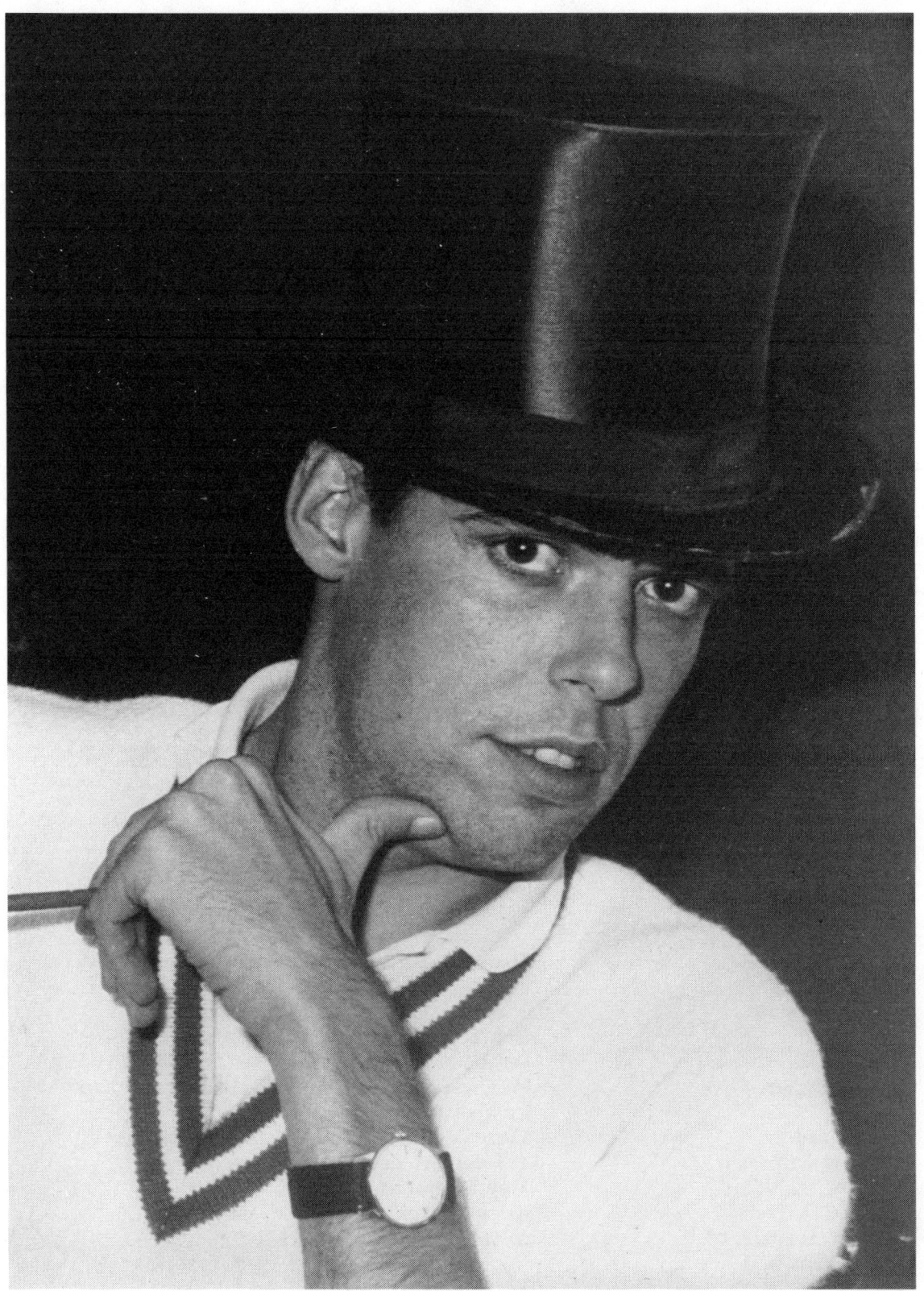

7.8 Glossar: Erläuterungen zum Fach-Chinesisch

Peking

abliebeln	Honig um den Bart schmieren
Advertising	Werbung (engl.)
Akzeptanz	Annahme, Billigung, Zustimmung
animieren	anregen, ermuntern, anmachen
ausloben	mehr oder weniger zufällig den/die Gewinner einer Werbeaktion (z. B. Preisrätsel) ermitteln
Ausschnittdienst	Name einer Agentur, die sich mit Pressebeobachtungen beschäftigt
back to the roots	engl. für »zurück zu den Wurzeln« im Sinne von »zurück zum Ursprung«
Belegexemplar	Zeitschrift, die als Nachweis für die Veröffentlichung dient (bei Autoren und Agenturen)
bemustern	jemandem Warenmuster andienen
Blindtest	Warentest, bei dem man nicht sieht, um welche Produkte es sich handelt
Bonbonniere Tradition	im Sinne von »Die klassische Pralinenpackung«
Budget	Haushaltsplan; in der Werbung = veranschlagte Etatmittel
Corporate	Firma, Gesellschaft (amerikanisch)
Crew	Schiffsbesatzung, insbes. bei einer Segeljacht
Crowner	Werbe-Papptafel, die auf ein Display* aufgesteckt wird
Depot	Lager, Sammelstelle, Aufbewahrungsort
dessinieren	entwerfen, gestalten
Dickschiff	Hochseejacht
didaktisch	erzieherisch, belehrend, lehrhaft
differenziert	unterschiedlich, verschieden
Direct-Mail	Direktwerbung durch Postversand (z. B. Wurfsendungen)

Display	größere Verkaufseinheiten eines Produktes, die als Blickfang in den Ladengängen aufgestellt werden
Distribution	Verteilung, allgemeine Bezeichnung für den vertreibenden Handel
Diversifikation	Ausweitung des Waren- oder Produkt-Sortiments eines Unternehmens
Door-Opener	Werbegeschenk, um den vertreibenden Händler zum Bestellen des Produktes zu bewegen
EdC	Eau de Cologne
EdT	Eau de Toilette
E 605	hochgiftiges Pflanzenschutzmittel
Emblem	Symbol, Warenzeichen
en garde	sinngemäß: Achtung
Ensemble	Zusammenwirken verschiedener Einzelteile
etablieren	einrichten, niederlassen, gründen
Etat	siehe Budget
exponiert	in besonders guter Lage
Farbauszeichnung	verbindliche Festlegung der Farben, z. B. bei Druckvorlagen (* HKS)
Fast-Food	Essen im Schnell-Imbiß
Flacon	Parfum-Fläschchen
Freelancer	freiberuflich Arbeitender, z. B. Texter, Designer
FSK	Freiwillige Selbstkontrolle; Institution, die sich zum Ziel gesetzt hat, z. B. die Verbreitung jugendgefährdender Videos zu beschränken
Genre	Art, Gattung, Wesen
Gestagen	weibliches Geschlechtshormon
Give-Away	kleineres Werbegeschenk, meist für Endverbraucher
Händlerpromotion	Werbe-Aktion, die ausschließlich an den Handel gerichtet ist
Hardcore	Pornofilm, der »alles« zeigt
HWG-Typ	ältere Bezeichnung für Personen mit »häufig wechselndem Geschlechtsverkehr«
Image	Vorstellungsbild, das von einer Person oder Sache geschaffen wird
Incentive	größeres Werbegeschenk, das sowohl beim Händler als auch beim Verbraucher eingesetzt wird
Insektizid	Gift, mit dem Insekten bekämpft werden
Instant	schnell zubereitet (z. B. Instant-Kaffee)
Intention	Absicht, Vorhaben
Internal Relations	Betriebsklima innerhalb einer Firma
Kapazität	Aufnahmefähigkeit, Fassungsvermögen
kirren	ködern, locken, am Bauch kraulen
klassifizieren	einordnen, einteilen

Klientel	Kreis der betreuten Kunden (Werbung)
Kommilitonen	Mitstudenten, Studienkollegen
Konditionen	Geschäfts-, Liefer- und Zahlungsbedingungen
konfektionieren	fabrikmäßig herstellen
Konzeption	geistiger, künstlerischer Einfall
Label	Anhänger, Aufkleber, Etikett
Launch	Einführungswerbung für ein Produkt
Le Beau Flacon	Das schöne Parfum-Fläschchen
Lenzen	Wasser schöpfen beim Segeln
Leser-Blatt-Bindung	Fachausdruck für den Grad, wie stark ein Leser an seiner Zeitung/Zeitschrift hängt
Listung	regelmäßige Bestellung eines Produktes vom Händler
Maxime	Hauptgrundsatz, Leitsatz
News	Nachricht, Neuigkeit
Östrogen	weibliches Geschlechtshormon
offerieren	anbieten, darbieten
Ovulationshemmer	Mittel zur Verhinderung des Eisprungs bei der Frau
PGM	Product-Group-Manager, Leiter einer Produktgruppe bei der Herstellerfirma
Pilotenstyling	Brillentyp mit Gläsern in Tropfenform
potentiell	in Frage kommend, beabsichtigt
Pour Dame	Für die Dame (französisch)
prädestiniert	wie geschaffen für etwas, ideal
Präsens	Anwesenheit, Gegenwart
Präsentation	Vorstellung von Ideen und Konzepten
Present	Geschenk
Pressebeobachtung	Nach einem bestimmten Stichwort Veröffentlichungen in der Presse suchen und zusammenstellen
Pre-Test	Vor-Test
Printmedien	sämtliche gedruckten Medien, z. B. Zeitungen und Zeitschriften
Probant	Versuchsperson
Prof	Professor
Promotion	werbliche Aktivitäten (engl.)
Public Relations (PR)	Öffentlichkeitsarbeit
PR-Berater	Fachmann, der sich um das Image einer Firma oder eines Produktes bemüht
Recherchen	Nachforschungen eines Journalisten oder Schriftstellers
Relaunch	Änderung einer Werbestrategie, um einem bekannten Produkt neue (andere) Impulse zu geben
Repräsentant	Firmenvertreter
reprofähig	»druckfähig«
Restriktion	Einschränkung, Begrenzung
Rezension	Besprechung/Kritik von Schallplatten und Büchern

Satz	fertige Druckvorlage eines Textes
Self-Liquidator	Werbemittel, das zum Selbstkostenpreis verkauft wird (z. B. Autoatlanten, Kochbücher)
Skipper	Chef/Kapitän auf einem Segelschiff
spezifiziert	unterteilt, gegliedert, zugeordnet
standverbindlich	in der endgültigen Anordnung festgelegt
Straß	Edelsteinnachahmung aus Bleichglas
Strichvorlage	technische Zeichnung, die für die Farbverteilung beim Druck dient
Styling	Formgebung
Stylist	Gestalter/Ausstatter bei Fotoaufnahmen
S/W	schwarz-weiß
Synthese	Verknüpfung von Einzelteilen zu einem Ganzen
Timing	Zeitplan (engl.)
Typ-Muster	beispielhaftes Warenmuster
U-Matic	ausschließlich professionell genutztes Videosystem
uni	einfarbig
Unterprimaner	Schüler der 12. Klasse eines Gymnasiums
Verbraucherpromotion	eine Werbeaktion, die an den Endverbraucher gerichtet ist
VHS	Videosystem
Visagist	Fachmann, der aus einer »Visage« ein traumhaftes Gesicht macht
VKF	Verkaufsförderung
VWL	Volkswirtschaftslehre
Werbeträger	alles, was zu Werbezwecken genutzt werden kann, wie Zeitungen, Fernsehen, Plakatwände, T-Shirts ...
Zunft	früher: fachgenossenschaftliche Vereinigung von Handwerkern

Und jetzt kommt Werbung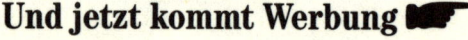

Das neue Buch vom Zeichner Walter Moers

Lachkrampf grüßt!

Sieben Bildungskatastrophen. Achtung, Lachkrämpfe! »Faust«, »Willi Tell«, »Die Räuber«, »Nathan der Weise«, »Der zerbrochene Krug«, »Antigone«, »Hamlet« als rasante Scene-Kurz-Dramen. **Top-Illustrationen!** Zurückhaltende **12,80 DM** (1819)

Bockstarke Märchen
Das Beste, was je in Scene-Sprache geschrieben wurde. 12 Grimmsche Märchen: Sterntaler auf'm Wahnsinnstripp, Frau Holle wedelt die Rheumadecken aus, eine Emanze erzählt Froschkönig etc. **Das ganze super (!) illustriert, 12,80 DM** (1811)

Alles klaro?
Der große Durchblick für alle Freaks, Spontis, Schlaffis, Softis, Flipper und Hänger sowie deren Verwandte und sonstige Fuzzis. Spitze — dieser Grundwortschatz für läppische **10,— DM** (1088)

Wenn die GRÜNEN regieren
Eine Woche vor der Wahl: Das Atomkraftwerk Stade droht zu explodieren. Panik in der Bevölkerung — die GRÜNEN bekommen die Mehrheit . . . — Jetzt geht die grüne Sau ab. Die schöne neue grüne Welt bahnt sich an. **Toll illustriert! 10,— DM** (1820)

Gib's ihnen!
Ratgeber, wie man sich die unverschämten kleinen Nervensägen vom Hals hält. Zynische Ratschläge, bittersüße Bilder. — Mit Kinderhasser-Lexikon im Anhang. Und doch nur **10 DM** (1816)

Heimzahlen
Das Lexikon gegen Chefs und andere Ärgerlinge: denn Rache ist süß. wir bieten massenhaft praktische Rezepte, wie man Bösewichtern ihre Gemeinheiten wirkungsvoll heimzahlt. Lesen und in Vorfreude schwelgen! **Viel Rache für nur 16,80 DM** (1087)

Hosiannas Schöpfungs-Tagebuch

Wie Mister Gott die Welt erschuf

Ein Engel aus dem Fußvolk der Himmlischen Heerscharen berichtet über die aufregendsten sieben Tage der Weltgeschichte. Aus dem Erz-Englischen übersetzt von Peter David

Eichborn

200 himmlische Seiten. Hosianna, ein vifer Engel aus dem Fußvolk der Himmlischen Heerscharen, berichtet über die sieben aufregendsten Tage der Weltgeschichte. Alles live von den jeweiligen Schauplätzen und autorisiert von Mister Gott. Schöner Einband mit **vierfarbigem** Überzug von Rolf Kutschera. 20,— DM (0133)

Eichborns »Kirchenprogramm«

Eine Leseorgie!
Hier wird das komplette Alte Testament rasant runtererzählt. Mit Spaß und Spannung, »Sex and Crime«, für Christen und Nichtchristen. »Dieser unheilige Knüller« (Münchner Merkur) »fasziniert wie ein Gute-Nacht-Krimi« (Die Zeit). Der neue Weg zur alten Bibel, 848 heitere Seiten lang. **Nur 16,80 DM** (0100)

Der grosse Boss
Das Alte Testament
Unverschämt fromm neu erzählt von Fred Denger

Eichborn

Walter Moers
Wenn er gut drauf ist, erläßt er alle Sünden
So braut sich die Klerikalen
Eichborn-Verlag

Satte Lache
für mehr oder weniger fromme Gemüter.
5,— DM (1947)